KB054553

살면서 꼭 한 번은

명심보감

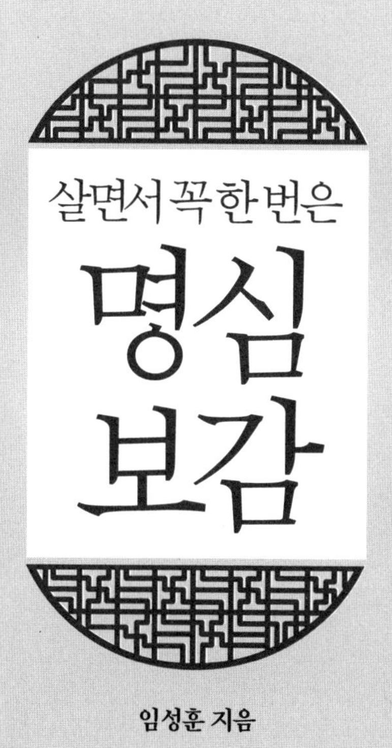

살면서 꼭 한 번은

명심보감

임성훈 지음

다른상상

바른 삶을 위한 지혜

대학교 신입생 때 교양 필수 과목으로 '명심보감' 강의를 들은 적이 있다. 시대에 맞지 않다는 생각이 드는 부분도 있었지만, 많은 내용에 고개를 끄덕였던 것으로 기억한다. 다시 꺼내 든 것은 초등학교 아들과 필사할 동양고전을 찾으면서였다. 《사자소학》보다 깊이 있으면서 《논어》보다 접근하기 쉬운 책이 필요하던 차에 다른 어떤 책보다 적절하다고 생각했다.

《명심보감》은 명나라 범립본이 짓고, 고려시대 추적이 편찬하였다. 유가 및 도가 사상을 중심으로 중국 역사상 유명한 사람들의 말과 고전에서 가려 뽑은 내용을 엮은 책으로, 글이 길지 않으면서도 개인의 마음 수양, 인간관계 그리고 처세의 지혜를 담고 있다. 천자문을 뗀 아이들의 학습을 위한 고전 명언 모음집으로도 잘 알려져 있다.

여러 판본이 있으나 추적이 편찬한 것은 19편으로 전한다. 각 편의 주요 내용은 다음과 같다.

계선편(繼善篇)은 선(善)과 악(惡)에 대한 말을 묶었다. 어떤 것이 선(善)이고, 어떤 것이 악(惡)인지에 대한 내용은 없다. 인과응보의 법칙에 따라 선한 행위를 하는 사람에게는 복이 오고, 그렇지 않은 사람에게는 재앙이 닥친다는 내용이 주를 이룬다. '선한 일이 작더라도 꼭 행하고, 악한 일은 작더라도 하지 말라(勿以善小而不爲 勿以惡小而爲之)'가 대표적인 말이다.

천명편(天命篇)에서는 인간의 길흉화복을 주관하는 '하늘(天)'의 뜻을 거슬러 죄짓는 것을 경계한다. 하늘은 양심으로 바꿔 읽을 수 있다. 양심에 거슬러 죄를 짓지 말라는 것이다. '하늘에 죄를 지으면 빌 곳이 없다(獲罪於天 無所禱也)'가 대표적인 말이다.

순명편(順命篇)에서는 주어진 운명에 순응하고 자기 분수를 지키며 살 것을 권한다. '인간 만사의 분수가 이미 정해져 있거늘 덧없는 인생이 부질없이 홀로 바쁘구나(萬事分已定 浮生空自忙)'가 대표적인 말이다.

효행편(孝行篇)은 제목 그대로 모든 행동의 근본이 되는 효(孝)의 중요성에 대해 강조한다. 아버지께서 부르실 때 입에 먹을 것이 있으면 뱉어내라는 말과 같이, 오늘날 있는 그대로 적용하기에는 다소 무리

인 내용도 있지만, 효를 행하는 마음 자세에 대해 생각해볼 수 있다. '(부모님은) 나를 낳아 기르느라 힘들게 수고하셨네, 깊은 은혜 갚고 싶지만 넓은 하늘처럼 끝이 없구나(生我劬勞 欲報深恩 昊天罔極)'가 대표적인 말이다.

정기편(正己篇)은 '자신을 바르게 하라'는 제목과 같이 몸을 닦는 데 도움이 되는 말을 엮었다. 먼저 자신을 바르게 해야 무슨 일이든 할 수 있다. '부지런함은 값을 매길 수 없는 보배요, 조심함은 몸을 보호하는 부적이다(勤爲無價之寶 愼是護身之符)'가 대표적인 말이다.

안분편(安分篇)은 자기 분수를 편안하게 여기고 지나친 욕심을 부리지 말라는 내용으로 이루어져 있다. 욕심은 고통의 근원이다. '만족할 줄 알면 즐거울 수 있고, 탐욕에 힘쓰면 근심한다(知足可樂 務貪則憂)'가 대표적인 말이다.

존심편(存心篇)은 주변에 마음을 빼앗기지 말고 보존하라는 충고로 가득하다. 마음을 지키지 못하면 살아도 자기 인생을 사는 것이 아니다. '마음이 편안하면 초가집이라도 평온하고, 성품이 안정되면 나물국도 향기롭다(心安 茅屋穩 性定 菜羹香)'가 대표적인 말이다.

계성편(戒性篇)은 하늘로부터 부여받은 올바른 품성을 잘 제어하고 경계하라는 내용이 주를 이루고 있다. 사람은 본래 좋은 성품을 타고 났지만 잘 가꾸지 않으면 타락할 수 있다. '사람의 성품은 물과 같다. 물이 한번 기울어져 쏟아지면 되돌릴 수 없고, 성품이 한번 제멋대로 흐트러지면 돌이킬 수 없다(人性如水 水一傾則不可復 性一縱則不可反)'가 대표적인 말이다.

근학편(勤學篇)에서는 배움의 중요성을 강조한다. 세상이 아무리 혼란스럽더라도 뜻을 세우고 배움에 힘쓰는 사람은 이치를 깨달아 자기를 지키고 다른 사람들도 이롭게 할 수 있다. '옥을 다듬지 않으면 그릇으로 완성되지 못하고, 사람이 배우지 않으면 사람 된 도리를 알지 못한다(玉不琢 不成器 人不學 不知道)'가 대표적인 말이다.

훈자편(訓子篇)에서는 자식 교육에 대해 말하고 있다. 물질을 물려주기보다 배움의 기회를 주는 것이 진정으로 자식을 위하는 길이다. '자식이 비록 어질다고 하더라도 가르치지 않으면 현명해질 수 없다(子雖賢 不敎不明)'가 대표적인 말이다.

성심편(省心篇)은 책에서 가장 많은 부분을 차지하고 있다. '성심(省

心)'은 '마음을 살피라'는 의미로, 편안한 마음의 중요성과 욕심을 버리고 겸손하게 사람들과 잘 어울려 지낼 것을 강조한다. 상편과 하편으로 나누기도 하는데, 이 책에서는 하나의 편으로 정리하였다. '하루 동안 정신이 맑고 한가로우면 하루 동안 신선이 된 것이다(一日淸閑 一日仙)'가 대표적인 말이다.

입교편(立敎篇)에서는 삼강오륜과 같은 기본적인 인간관계의 도리를 강조하고, 사회적인 관계 속에서 가르침을 바로 세워야 한다는 것을 말한다. 집안이나 단체에 가르침이 바로 서 있지 않으면 흔들리기 마련이다. '정치하는 핵심 덕목은 공정함과 청렴함이요, 집안을 이루는 핵심 덕목은 검소함과 부지런함이다(爲政之要 曰 公與淸 成家之道 曰 儉與勤)'가 대표적인 말이다.

치정편(治政 篇)에는 공직자를 위한 조언이 가득하다. 특히 청렴함과 조심스러움, 부지런함과 같은 덕목은 오늘날에도 새겨들어야 할 것이다. '관직을 맡았을 때 세 가지 법도가 있으니, 청렴함과 신중함과 근면함이다(當官之法唯有三事 曰淸 曰愼 曰勤)'가 대표적인 말이다.

치가편(治家篇)은 집안을 다스리는 것에 대한 조언이다. 가정은 인

성교육의 장이고, 모든 것의 근본이라고 할 수 있다. '자식이 효도하면 부모가 즐겁고, 집안이 화목하면 모든 일이 이루어진다(家和萬事成)'가 대표적인 말이다.

안의편(安義篇)은 '의리를 따르는 것에 편안하라'는 의미로, 부부나 형제, 다른 사람들과의 관계에서 지켜야 할 도리에 대해 말한다. '부유해서 찾아오고, 가난하다고 물러나면 이것은 사람 가운데 진짜 소인배다(富則進兮貧則退 此是人間眞小輩)'가 대표적인 말이다.

준례편(遵禮篇)에서는 예의를 지킬 것을 강조한다. 예(禮)는 사람 사이에 있어야 할 최소한의 규범이다. 형식을 너무 따지면 지나치게 경직되지만, 본성을 절제하고 질서를 유지하기 위해서는 꼭 필요하다. '군자가 용기는 있지만 예가 없으면 난을 일으키고, 소인이 용기는 있지만 예가 없으면 도적이 된다(君子有勇而無禮爲亂 小人有勇而無禮爲盜)'가 대표적인 말이다.

언어편(言語篇)은 말의 중요성을 강조한다. 말은 이치에 맞게 해야 하고, 말할 때는 항상 조심해야 한다. 잘못 내뱉은 말은 나를 해치는 칼날이 될 수 있다. '입과 혀가 재앙과 근심의 문이며, 몸을 망치는 도끼다(口舌者 禍患之門 滅身之斧也)'가 대표적인 말이다.

교우편(交友篇)에서는 친구를 사귀는 도리에 대해 말한다. 친구는 이익이 아닌, 의리를 기본으로 하는 관계다. 어떤 친구를 사귀고, 어떤 친구를 사귀지 말아야 할지 생각해볼 수 있다. '술 마시고 밥 먹을 때 형, 동생 하는 이들은 천 명이나 되건만, 급하고 어려울 때 친구는 한 명도 없네(酒食兄弟 千個有 急難之朋 一個無)'가 대표적인 말이다.

부행편(婦行篇)은 부녀자의 덕행에 대해 이야기하는데, 남녀평등이 일반화된 오늘날의 관점에서는 다소 불편할 수 있다. 집안에서 어머니, 아버지의 역할에 대한 조언을 얻는다는 마음으로 읽어보면 도움이 될 것이다. '어진 아내는 남편을 귀하게 하고, 간사한 아내는 남편을 천하게 한다(賢婦令夫貴 佞婦令夫賤)'가 대표적인 말이다.

이 책은 처음부터 읽지 않고 아무 데나 펼쳐서 몇 구절씩 보아도 무리가 없다. '마음을 밝히는 보물과 같은 거울'이라는 책의 제목에 충실하여 읽는다면 '성심편(省心篇)'부터 시작해보는 것을 권한다.

마음을 닦아 본래의 본성을 밝히는 것은 누구에게나 공통으로 주어진 일생일대의 과제다. 이 책의 내용이 모두 정답은 아니지만, 선현들의 지혜를 참고해 각자가 내면의 참된 본성을 밝히고, 다른 사람들과도 건강한 관계를 맺으며 살아가는 데 도움이 되기를 바란다.

번역 작업을 하면서 반복되는 부분이나, 다소 장황한 내용은 간결하게 수정하였다. 읽고 쓰는 것이 가능한 초등학생 저학년 정도만 되어도 필사 교재로 활용할 수 있을 것이다.

집필 기간 내내 응원해주신 '아레테인문아카데미' 회원들과 언제나 변함없는 사랑을 주는 가족들에게 사랑과 감사의 말을 전한다.

2021년 임성훈

차례

※ 일러두기

이 책은 범립본이 짓고, 추적이 19편으로 엮은 《명심보감》을 편역하였다. 시중에 엮은 이가 알려지지 않은 24편이 수록되어 있기도 하나, 원래 추적이 엮은 것은 19편이다. 대부분 원문을 그대로 살려 번역하였으나, 독자들의 이해를 위해 일부 내용은 저자가 편집, 각색하고 의역하였음을 밝힌다.

진정한 복에 이르려면

계선편 繼善篇

'계선(繼善)'은 '선(善)을 이어 나간다'는 뜻이다.
사람은 본래 하늘을 닮아 '선(善)'의 씨앗을 타고났다.
하지만 의식적으로 노력하지 않으면 착한 본성을 잃기도 한다.
선(善)을 행하느냐, 행하지 않느냐에 따라
복이 이르기도 하고 재앙이 이르기도 한다는 점을 강조한다.

행동의 대가는 반드시 치른다

爲善者 天報之以福 爲不善者 天報之以禍
위선자 천보지이복 위불선자 천보지이화

선한 일을 하는 자에게 하늘은 복으로 갚아주고,

선하지 않은 일을 하는 자에게 하늘은 재앙으로 갚느니라.

선한 일을 하면 복을 받기도 하지만, 때로는 복을 받지 못하고 세상을 떠나거나 오히려 재앙이 닥치기도 한다는 공자의 말이다. 악한 일을 하면 재앙을 겪기도 하지만, 때로는 나쁜 일보다 좋은 일이 더 많이 일어나기도 한다.

사람들은 선한 일에는 바로 복을 받고, 악한 일에는 바로 재앙이 따르기를 바란다. 하지만 실상은 그렇지 않다. 세상은 단순한 일차 함수가 아니다. 행동에 대한 대가는 어떤 식으로든 치르게 되지만, 걸리는 시간이나 실제 일어나는 방식에 대해서는 사람이 헤아릴 수 없다. 결과에 연연하지 말고 자기 양심에 따라 사는 것이 바른길이다.

아무리 작은 악이라도 행하지 말아야 한다

勿以善小而不爲 勿以惡小而爲之
물 이 선 소 이 불 위 물 이 악 소 이 위 지

선한 일이 작더라도 꼭 행하고, 악한 일은 작더라도 하지 말라.

한나라 소열황제(유비)가 임종을 앞두고 후주(유선)에게 한 말이다.

사소한 선을 행하지 않으면 커다란 선도 행하지 않는다. 작은 선행을 하지 않는 사람의 속마음을 들여다보면, 선을 행하는 것보다 일신의 편안함이나 이익을 더 중요시한다. 눈 한번 질끈 감으면 이익을 얻는 체험을 통해 선한 일보다는 이익을 선택하기를 학습한다. 양심이 마비되어 가는 것이다.

악한 일도 작은 것이라도 허용하다 보면 점점 더 큰 악에도 내면의 저항이 줄어든다. 브레이크가 고장 난 자동차처럼 자신을 제어하지 못하게 될 수 있다.

선을 놓치면 그 자리에 악이 자리 잡는다

一日不念善 諸惡皆自起
일 일 불 념 선 제 악 개 자 기

하루라도 선을 생각하지 않으면 온갖 악이 저절로 일어난다.

장자의 말이다.

마음의 주인은 수시로 바뀐다. 선한 생각을 떠올리면 선함으로 가득 차게 되고, 악한 생각을 떠올리면 악함으로 가득 찬다. 사람의 마음은 조심하고 또 조심하지 않으면 교만함이나 두려움 같은 어두운 감정에 무너지기 쉽다. 인간은 생존을 위해 사랑보다는 두려움의 길을 선택해왔고, 지배당하지 않으려면 지배해야 한다는 생각에 사로잡혀 있기 때문이다.

악한 생각을 이겨내려면 그 생각과 억지로 싸우려고 하지 말고 선한 생각으로 자신을 가득 채워야 한다.

적극적으로 선을 행하라

見善如渴 聞惡如聾 又曰 善事須貪 惡事莫樂
견 선 여 갈 문 악 여 롱 우 왈 선 사 수 탐 악 사 막 락

선한 것에는 목마른 것처럼 하고, 악한 것에는 귀먹은 것처럼 하라.

선한 일은 마땅히 탐내어 행하고, 악한 일은 즐기지 마라.

주나라의 정치가 태공의 말이다.

조금이라도 선한 일을 만나면 목마른 사람이 물을 찾는 것처럼 그것을 행하고, 조금이라도 악한 일이라면 귀를 막고 피하라는 말이다. 태공은 백발이 성성한 노인이 다 되어서야 주문왕을 만나 은나라를 무너뜨리고 주나라를 세운 인물로, 신중함과 현명함의 대명사다. 이 가르침은 선악의 경계가 불분명한 일에 어떻게 대처해야 하는지 깨달음을 준다.

완전하게 선한 일이나 악한 일은 많지 않다. 대부분의 일은 선과 악을 판단하기 애매한 지점에 있다. 그러니 조금이라도 선이나 악의 기미가 보이면 단호하게 처신하는 것이 악에 물들지 않고 선을 행하는 길이라 할 수 있다.

선은 부족하고, 악은 저절로 넘친다

終身行善 善猶不足 一日行惡 惡自有餘
종신행선 선유부족 일일행악 악자유여

평생 선한 일을 하더라도 선은 오히려 부족하고,

단 하루 악을 행하더라도 악은 저절로 넘치게 된다.

후한의 장군 마원의 말이다.

착한 일을 열 번 하더라도 한 번 악한 일을 하는 사람을 선하다고 하지 않는다. 선과 악은 서로 상쇄되지 않는다. 양적으로 비교할 수 있는 것이 아니다.

깨끗한 이슬을 한 방울 한 방울 모아 물 한 컵을 채우더라도, 거기에 잉크 한 방울을 떨어뜨리면 마실 수 없다. 악한 일은 이처럼 한 번의 악행이라도 흘러넘쳐 그 사람의 평판을 떨어뜨릴 수 있고, 주변에 좋지 않은 영향을 미친다.

자손을 위한다면 덕을 쌓아라

積金以遺子孫 未必子孫能盡守
적 금 이 유 자 손 미 필 자 손 능 진 수

積書以遺子孫 未必子孫能盡讀
적 서 이 유 자 손 미 필 자 손 능 진 독

不如積陰德於冥冥之中 以爲子孫之計也
불 여 적 음 덕 어 명 명 지 중 이 위 자 손 지 계 야

재물을 모아 자손에게 물려주어도 반드시 다 지키지 못할 것이요,

책을 모아 자손에게 물려주어도 반드시 다 읽지 못할 것이니,

은연중에 음덕을 쌓아 자손을 위한 계책으로 삼는 것만 못하다.

북송의 학자 사마광의 말이다.

아무리 많은 재물을 자손에게 전해도, 자손이 어리석으면 그 재물을 지키지 못한다. 재물을 모으는 데는 시간이 오래 걸리지만, 잃는 것은 한순간이다. 책을 자손에게 물려준다 해도, 자손이 책의 가치를 모른다면 무용지물이다. 중고로 팔아버리거나 종이값만 받고 다른 사람에게 넘겨버릴 수도 있다. 이렇게 물질적인 것은 자손에게 전해지지 않는다.

자손을 위해서는 남모르게 덕을 쌓는 것이 가장 훌륭한 계책이 될 수 있다. 나에게 은혜를 받은 사람들은 어떤 방식으로든 그 보답을 하려고 하고, 그 마음이 대를 이어 전해지기도 하기 때문이다.

은혜를 베풀고 원한 맺지 마라

恩義廣施 人生何處不相逢
은 의 광 시 인 생 하 처 불 상 봉
讐怨莫結 路逢狹處難回避
수 원 막 결 노 봉 협 처 난 회 피

은혜와 의리를 널리 베풀어라. 인생의 어느 곳에서든 만나지 않겠는가?
원수와 원한을 맺지 말라. 좁은 길에서 만나면 피하기 어렵다.

송(宋)나라의 책《경행록》에 있는 말이다.

나에게 선의를 가진 사람이 10명, 20명이 있더라도 악의를 가진 한 사람을 좁은 길에서 만나는 것이 인생이다. 그러니 원수와 원한은 맺지 않는 것이 상책이다. 사회생활에서는 옳고 그름을 따지고, 일할 때는 공명정대하게 해야 한다. 다른 사람과 얼굴 붉히는 일이 있을지언정, 사적으로까지 원한이 있어서는 안 된다. 사람 사이의 관계에서는 조심하고 내가 조금 손해를 보더라도 은혜와 의리를 베풀어야 편안하다.

항상 선으로 대하라

於我善者 我亦善之 於我惡者 我亦善之
어 아 선 자 아 역 선 지 어 아 악 자 아 역 선 지

我旣於人無惡 人能於我無惡哉
아 기 어 인 무 악 인 능 어 아 무 악 재

나에게 선하게 하는 사람에게 나 역시 선하게 대하고,

나에게 악하게 하는 사람이라도 나는 또한 선하게 대할 것이다.

내가 이미 남에게 악하게 하지 않았다면

남도 나에게 악하게 대하지 않을 것이다.

장자의 말이다.

나에게 악하게 하는 사람에게 악하게 하면 나도 똑같은 사람이 될 뿐이다. 초등학생이 갑자기 뛰어와 내 정강이를 걷어찬다고 똑같이 그 아이의 정강이를 걷어찬다면 성숙한 어른의 반응이 아니다. 아이에게 무슨 이유로 그렇게 했는지 물어보고, 감정을 보듬어주고, 다시 그런 일을 하지 않도록 타이르는 것이 어른이다.

'눈에는 눈, 이에는 이'라는 식으로 다른 사람이 나에게 한 것을 그대로 갚으려고만 하면 인격의 성장이 없고, 관계도 오래갈 수 없다.

선악의 결과는 언젠가는 드러난다

一日行善 福雖未至 禍自遠矣
일일행선 복수미지 화자원의
一日行惡 禍雖未至 福自遠矣
일일행악 화수미지 복자원의
行善之人 如春園之草 不見其長 日有所增
행선지인 여춘원지초 불견기장 일유소증
行惡之人 如磨刀之石 不見其損 日有所虧
행악지인 여마도지석 불견기손 일유소휴

어느 하루 선한 일을 했다고 해서 비록 복이 이르지는 않지만, 화는 저절로 멀어질 것이다. 어느 하루 악한 일을 했다고 해서 비록 화가 이르지는 않지만, 복은 저절로 멀어질 것이다. 선한 일을 하는 사람은 봄 정원의 풀과 같아서 보이지 않아도 날마다 자라남이 있다. 악한 일을 하는 사람은 칼 가는 숫돌과 같아서 보이지 않아도 날마다 줄어드는 바가 있다.

도교의 산신령으로 불리는 동악성제의 말이다. 우리가 인간사의 모든 일을 헤아릴 수는 없다. 앞날에 무슨 일이 닥칠지, 지금의 행동이 어떤 결과를 가져올지 장담할 수 없다. 선행과 악행은 바로 그 결과가 드러나지는 않지만, 선을 행하면 가랑비에 옷 젖듯이 점차 좋아지고, 악을 행하면 점점 나빠진다는 삶의 순리를 받아들이고 양심에 따라 살아가는 것이 현명하다.

선한 것은 가까이,
선하지 않은 것은 멀리하라

見善如不及 見不善如探湯
견 선 여 불 급 견 불 선 여 탐 탕

선한 일을 보면 미치지 못한 것처럼 하고,

선하지 않은 일을 보면 끓는 물을 만지듯 하라.

공자의 말이다.

남들의 선행을 보면서 '저런 행동은 가식이야', '돈이 많으니까 가능한 거지' 하면서 외면하거나 무시하는 사람은 발전이 없다. 반면, 남의 선한 행동을 본보기로 삼아 '나는 어떤 것을 할 수 있을까?' 생각하는 사람은 인격적으로 더 성숙할 수 있다.

다른 사람의 악행을 보면 끓는 물을 대하듯 경계해야 한다. 그저 가십거리로 그런 이야기를 즐기고 퍼뜨리는 것은 시간 낭비다. 사람은 그것의 옳고 그름을 따지기 전에 자주 보고, 많이 듣는 것을 그대로 따라서 행동하는 경향이 있기 때문이다. 악행은 즐기지 말고 멀리해야 한다.

하늘의 이치에 따르려면

천명편 天命篇

'천명(天命)'은 '하늘이 인간에게 내리는 명령'이다.
여기서 '하늘(天)'은 '우주 자연의 이치와 법칙'
혹은 '선한 본성과 양심'으로 이해할 수 있다.
하늘이 무심한 듯 보여도 한 치의 어긋남도 없이
선한 자에게 복을 주고, 악한 자에게 벌을 준다는 것을 강조한다.

순리를 따라 살아야 한다

順天者 存 逆天者 亡
순 천 자 존 역 천 자 망

하늘의 뜻을 따르는 자는 살고
그 뜻을 거스르는 자는 망한다.

전국시대 사상가 맹자의 말이다.

동양에서 '하늘(天)'은 인격신의 이미지보다는 '천명', '이치', '순리'에 가깝다. 천명의 의미는 시대에 따라 다양한 의미로 변해왔다. 여기서 '하늘(天)'은 '인간의 내면에 본래부터 존재하는 인간의 도리, 양심' 정도로 보면 크게 어긋나지 않는다.

무슨 일이든 천명을 거스르면 탈이 난다. 이것은 논리나 단편적인 교훈이 아니라 하늘로부터 주어진 것으로, 군자는 천명을 깨닫고 이것을 실현하는 사람이다. 천명을 따르는 것을 단순히 유가의 도덕률이라 생각하지 말고, 보편적인 인간의 양심을 지켜야 한다는 측면에서 수용하면 우리의 존재는 더욱 빛날 것이다.

천명은 내면에서 찾아라

天聽寂無音 蒼蒼何處尋
천 청 적 무 음 창 창 하 처 심
非高亦非遠 都只在人心
비 고 역 비 원 도 지 재 인 심

하늘의 들음은 고요하여 소리가 없으니

푸르고 푸른 하늘 어느 곳에서 찾을 것인가?

높은 곳에도 먼 곳에도 있지 않으니

모두 다만 사람 마음속에 있구나.

송나라 사상가 소강절의 말이다.

여기서 '하늘의 들음(天聽)'은 '천명', '천지자연의 이치'로 보는 것이 적절하다. 천지자연의 이치는 아무런 소리가 없다. 자기 모습을 드러내지 않으니 볼 수 없다. 높은 곳이나 먼 곳에서도 아무리 찾으려 해도 찾을 수 없다.

하지만 사람 마음속에 이치가 깃들어 있으니, 자기 내면을 들여다보면 비로소 만날 수 있다. 외부에서 자기의 천명이나 자연의 이치를 찾으려 애쓰지 말고, 내면을 탐구하고 음미해야 한다는 것이다.

하늘을 속이려 하지 마라

人間私語 天聽若雷
인간사어 천청약뢰
暗室欺心 神目如電
암실기심 신목여전

사람 사이의 사사로운 말이라도 하늘이 듣는 것은 우레와 같고,
어두운 방 안에서 마음을 속이더라도 신의 눈은 번개와 같다.

도가의 전설상의 인물 현제의 말이다.

이 세상에 비밀은 없다. 비밀을 만드는 당사자는 알고 있기 때문이다. 상대가 없는 혼자만의 비밀이라고 하더라도 최소한 자기 자신만큼은 알고 있다. 정말로 모든 것을 숨길 수 있을지도 모르지만, 내가 하는 말을 어디선가 누군가는 듣고 있다고 생각하는 것이 인격 수양에 도움이 된다.

누가 듣고, 듣지 않고를 떠나서 자신을 속이거나 양심에 어긋나는 말과 행동을 하는 것은 옳지 않은 일이다. 신의 눈은 번개와 같이 내 일거수일투족을 알아채고, 하늘은 내 마음의 소리를 우레와 같이 듣고 있다고 생각하면 실수가 적다.

악으로 채우지 마라

惡鑵若滿 天必誅之
악관약만 천필주지

악의 두레박이 가득 차 있으면 하늘이 반드시 그를 베어버릴 것이다.

'두레박(鑵)'은 우물물을 긷는 그릇이다. 두레박을 어떤 우물에 집어넣는지에 따라 길어 올리는 물이 다르다. 두레박을 깨끗한 우물에 집어넣으면 그것이 깨끗한 물로, 더러운 우물에 집어넣으면 더러운 물로 가득 차게 될 것이다.

마찬가지로 선한 마음을 먹고 선한 일을 하면 각자의 두레박은 선함으로 가득 찰 것이고, 악한 마음을 먹고 악한 일을 하면 점점 악함으로 채워질 것이다.

우리는 살아가면서 선한 일을 하기도 하고 악한 일을 하기도 한다. 악한 것으로 가득할 때 '하늘이 베어버린다'는 것은 내면의 양심이 그를 가만두지 않는다는 것이다. 외부의 벌보다 무서운 것이 양심의 가책이다.

악행으로 얻은 명성에는 반드시 대가가 따른다

若人作不善得顯名者 人雖不害天必戮之
약 인 작 불 선 득 현 명 자 인 수 불 해 천 필 륙 지

만일 사람이 선하지 않은 일을 해서 세상에 이름을 드러낸다면
비록 다른 사람이 그를 해치지 않더라도 하늘이 반드시 그를 죽일 것이다.

장자의 말이다.

겉으로 드러나는 명성은 아무런 실체가 없다. 중요한 것은 이름이 알려진 그 사람의 본질이고, 그 내용은 인격과 실력이다. 명성에 걸맞은 인격과 실력을 갖춘 사람도 있지만, 그렇지 않은 사람도 있다.

명성보다 실력이 모자란 것은 크게 문제가 되지 않는다. 그저 헛된 이름이 과장되게 알려진 것에 불과하기 때문이다. 하지만 인격적으로 하자가 있다면 이름이 알려진 것 자체가 문제다. 특히 선하지 않은 일을 했음에도 불구하고 세상에 이름이 알려졌다면 위선이고, 기만이다. 악행으로 얻은 명성에는 반드시 그 대가가 따른다.

하늘의 그물은 성기지만 새지 않는다

種瓜得瓜種豆得豆
종 과 득 과 종 두 득 두

오이를 심으면 오이를 얻고 콩을 심으면 콩을 얻는다.

하늘의 그물은 넓고 넓어 성기지만 새지는 않는다.

세상만사는 모두 인과율을 따르기 마련이다. 원인이 있으면 그에 따른 결과가 온다. 오이를 심고서 콩을 얻으려고 하거나, 콩을 심고서 오이를 얻으려고 하는 사람이 있다면 제정신이 아니라고 손가락질을 받을 것이다. 선한 씨를 뿌리면 좋은 일을 경험하고, 악한 씨를 뿌리면 재앙이 닥친다.

하늘의 그물은 성기지만 인과율을 그대로 따른다. 그래서 절대로 새는 법이 없다. 사람은 언제가 되었든 자기 행동에 대한 책임을 져야 한다.

하늘에 죄를 짓지 말라

獲罪於天 無所禱也
획 죄 어 천 무 소 도 야

하늘에 죄를 지으면 빌 곳이 없다.

하늘에 죄를 지었다면 더 이상 빌 곳이 없다는 공자의 말이다. 동양에서 '하늘(天)'은 '이치, 순리, 도(道)'로 읽으면 크게 무리가 없다. 하늘에 죄를 짓는다는 것은 이치를 거스르고 천륜이나 양심의 질서를 어지럽히는 것이다. 부자 간의 사이를 끊는다거나, 대역죄를 짓는다거나, 자기의 이익을 위해 다른 사람의 목숨을 빼앗는 것과 같다. 이렇게 큰 죄를 지으면 어디 가서 빈다고 그것이 없어지지 않는다.

지은 죄에 대한 대가는 자신이 치러야 한다. 벌은 외부에서 주어지는 것이 아니다. 진정한 벌은 자기 내면, 양심에서 비롯된다. 양심의 가책으로 괴로워하고, 스스로 그것을 벗어나기 위해 대가를 치르는 길을 택한다.

天聽寂無音 蒼蒼何處尋
천 청 적 무 음 창 창 하 처 심
非高亦非遠 都只在人心
비 고 역 비 원 도 지 재 인 심

하늘의 들음은 고요하여 소리가 없으니

푸르고 푸른 하늘 어느 곳에서 찾을 것인가?

높은 곳에도 먼 곳에도 있지 않으니

모두 다만 사람 마음속에 있구나.

이치를 거스르지 않으려면

순명편 順命篇

'순명(順命)'은 '운명의 흐름을 거스르지 말고 순응하라'는 말이다.
여기서 '명(命)'은 앞서 〈천명편〉에서 말하는
'천명(天命)' 혹은 '운명'이다.
하지만 수동적으로 운명에 굴복하라는 것이 아니라,
이치를 거스르거나 분수를 벗어나는 것을 경계하는 내용이다.

생사와 부귀는 하늘에 달려 있다

死生有命 富貴在天
사 생 유 명 부 귀 재 천

죽고 사는 것은 운명에 달려 있고,
부유함과 귀함은 하늘에 달려 있다.

공자의 말이다.

자신의 수명을 결정하거나, 세상을 떠날 시기를 정할 수 있는 사람은 없다. 자기의 재산이나 명성을 마음대로 정할 수 있는 사람도 존재하지 않는다. 물론 개인의 노력으로 건강관리를 잘하면 좀 더 오래 살 수도 있고, 자기 재능을 갈고닦으면서 기회를 잘 잡으면 크게 부유해지거나 귀해질 수도 있다.

하지만 주어진 조건을 모두 바꾸면서 살 수는 없다. 우리는 삶이라는 연극 무대에 마치 연극배우가 특정한 배역을 맡듯이, 일정한 조건을 선택하여 태어났다. 주어진 조건을 원망하지 말고 그 안에서 경험할 수 있는 최선을 경험하는 것이 현명한 삶의 길이다.

부질없이 바쁘게 지내지 마라

萬事分已定
만 사 분 이 정

인간 만사의 분수가 이미 정해져 있거늘
덧없는 인생이 부질없이 홀로 바쁘구나.

삶의 큰 흐름은 어느 정도 정해져 있다. 운명의 물줄기를 완전히 거꾸로 돌려버리기는 힘들다. 강이 바다로 흘러가듯 순리대로 흘러가는 것을 거꾸로 돌려버리려고 부질없이 바쁘게 지내는 것은 어리석다. 파도타기를 하듯 흐름을 타면서 살아가야 한다.

흐름이 정해져 있다고 해서 운명에 따라야만 하는 것은 아니다. 사람에게는 자유의지가 있고, 언제나 미세조정은 가능하다. 바다로 흘러가는 물줄기를 완전히 돌려놓을 수는 없지만, 큰 바위를 둘러서 갈지, 부딪치며 갈지는 조정할 수 있다.

겪을 일은 겪어내야 한다

禍不可倖免 福不可再求
화 불 가 행 면 복 불 가 재 구

재앙은 요행으로 피할 수 없고,
복은 두 번 다시 구하지 못한다.

《경행록》의 말이다.

좋은 일이든 나쁜 일이든 일어나야 할 일은 일어난다. 재앙은 피하려고 발버둥 친다고 해서 피할 수 있는 것이 아니다. 복을 얻으려고 구하더라도 항상 얻을 수 있는 것이 아니다. 세상일은 마음대로 되지 않는다.

어떤 일이 당장은 복으로 보일지 몰라도 나중에는 좋지 않은 일이 될 수도 있고, 지금은 나쁜 일이라고 생각되지만, 나중에 더 큰 복을 불러오는 경우도 있다. 우리의 생각으로 무엇이 '좋다, 나쁘다'를 판단하지 말고, 삶에서 일어나는 일은 합당하게 일어난다고 믿으며 그대로 허용하면, 화도 복으로 바뀔 수 있다.

가난함과 부유함은 운명에 달려 있다

癡聾痼啞 家豪富 知慧聰明 却受貧
치 롱 고 아 가 호 부 지 혜 총 명 각 수 빈

年月日時該載定 算來由命不由人
연 월 일 시 해 재 정 산 래 유 명 불 유 인

어리석고, 귀먹고, 고질병이 있거나, 벙어리라도
집은 권세 있고 부유할 수 있다.
지혜롭고 총명한 사람이라도 도리어 가난할 수 있다.
연월일시 때가 모두 정해져 있으니 헤아려보면 운명에 달린 것이지,
사람에 달린 것이 아니다.

전국시대 도가 사상가 열자의 말이다.

집안의 권세나 부유함은 사람의 재주나 외모에 달린 것이 아니다. 지혜롭고 총명한 사람이라고 해서 모두 부귀를 누릴 수 있는 것도 아니고, 어리석고 장애가 있는 사람이라고 해서 가난한 것만이 아니다. 부귀와 권력이 덕에 달린 것도 아니다. 덕이 많은 군자가 가난할 수 있고, 소인배가 부유할 수 있다.

부귀와 권력은 '운명'이라 부르는, 이 삶을 준비할 때 우리의 선택에 달린 것인지도 모른다.

효를 실천하려면

효행편 孝行篇

'효행(孝行)'은 '효의 실천'을 말한다.
인간성의 근본이라 할 수 있는 '효(孝)'에 대해 다루고 있다.
효의 근본은 마음이다.
나의 생명을 짓고, 길러주시는 부모의 은혜에 감사하는
근본 마음을 읽어보자.

부모님의 은혜는 끝이 없다

父兮生我 母兮鞠我 哀哀父母 生我劬勞
부 혜 생 아 모 혜 국 아 애 애 부 모 생 아 구 로
欲報深恩 昊天罔極
욕 보 심 은 호 천 망 극

아버지는 나에게 생명을 주시고 어머니는 나를 사랑하여 기르셨네.
슬프고 슬프구나, 부모님이시여!
나를 낳아 기르느라 힘들게 수고하셨네.
깊은 은혜 갚고 싶지만 끝없이 넓은 하늘처럼 끝이 없구나.

《시경》의 말이다.

부모는 자식을 낳아 기르면서 지극한 정성을 들인다. 젖먹이 아이가 새근새근 자고 있을 때면 혹시나 숨을 쉬지 않는 것은 아닐까, 코 앞에 손을 가져가고 심장에 귀를 대어보기도 한다. 자식이 아플 때면 차라리 대신 아파주고 싶다. 자기 입에 들어갈 것을 자식에게 먼저 먹이고, 자기 옷은 사지 않더라도 아이에게는 좋은 옷을 입혀준다.

자식은 부모에게 받은 사랑을 자기가 부모가 되면서 깨닫고, 그 은혜를 갚으려 하지만, 저 넓은 하늘처럼 끝이 없어 갚을 길이 없다.

부모를 모실 때 마음을 다해야 한다

孝子之事親也 居則致其敬 養則致其樂
효 자 지 사 친 야 거 즉 치 기 경 양 즉 치 기 락
病則致其憂 喪則致其哀 祭則致其嚴
병 즉 치 기 우 상 즉 치 기 애 제 즉 치 기 엄

효자가 부모를 섬김에

거처하실 때 공경을 다하고,

모실 때 즐거움을 다하고,

병드셨을 때 근심을 다하고,

돌아가셨을 때 슬픔을 다하고,

제사 지낼 때 엄숙함을 다한다.

부모를 모실 때는 겉치레에 연연하지 말고 마음을 다하는 것이 중요하다는 공자의 말이다. 부모님 앞을 지날 때 종종걸음으로 다니는 것보다 공경하는 마음을 갖는 것이 더 중요하다. 산해진미를 갖다 바치는 것보다 즐거운 마음으로 모시는 것이 더 중요하다. 부모가 병들었을 때 값비싼 병원 1인실을 잡는 것보다 근심을 다하는 그 마음이 더 중요하다. 부모님이 돌아가셨을 때 장사와 제사를 지낼 때 호화롭게 치르는 것보다 슬퍼하고 그리워하는 그 마음이 더 중요한 것이다.

부모를 안심시켜 드리려 노력해야 한다

父母在 不遠遊 遊必有方
부 모 재 불 원 유 유 필 유 방

부모님께서 살아계실 때는 멀리 떠돌지 말 것이며,

떠나야 할 때면 반드시 가는 곳을 말씀드려야 한다.

공자의 말이다.

이 말을 있는 그대로 해석해서 현재에 적용하기는 무리가 있다. 부모님 살아계실 때 항상 옆에서 모시는 것은 힘든 일이다. 자기의 꿈을 위해, 일 때문에 때로는 부모님 곁을 떠나 멀리 떨어져 있을 수 있다.

중요한 것은 부모님과 물리적으로 멀리 떨어지지 않는 것이 아니다. 정서적으로 부모님을 안심시킬 수 있는 거리를 유지하는 것이 더 중요하다. 비록 몸은 부모님 곁에 있더라도 서로 간에 소통이 없다면 무슨 소용이 있을까?

부모님을 기다리시게 하지 말아야 한다

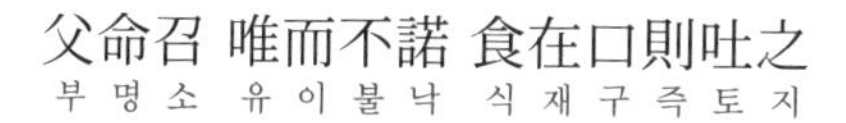

父命召 唯而不諾 食在口則吐之
부 명 소 유 이 불 낙 식 재 구 즉 토 지

아버지께서 부르시면
빨리 대답하고 머뭇거리지 말 것이며,
입에 먹을 것이 있으면 뱉어낼 것이다.

공자의 말이다.

이 말을 글자 그대로 해석하여 적용하는 것은 어리석은 짓이다. 부모님께서 부르신다고 입에 들어 있는 음식을 무조건 뱉으라는 말이 아니다. 그만큼 평소에 부모님을 공경하는 마음을 갖고 그 말씀을 따르라는 것이다.

부모님께서 나를 찾으셨는데 다른 일에 정신이 팔려 대답하지 않거나, 못 들은 척해서는 안 된다. 걱정하시고 기다리시는 일이 없도록 해야 한다. 다시 말해, 부모님의 말씀을 허투루 듣지 말고, 항상 무게감 있게 받아들이고 행동해야 한다.

효도는 본을 보여야 한다

孝於親 子亦孝之
효 어 친 자 역 효 지
身旣不孝 子何孝焉
신 기 불 효 자 하 효 언

내가 부모님께 효도하면 자식도 따라 할 것이니

내가 효도하지 않고서 자식이 어찌 효도하겠는가?

태공의 말이다.

자식은 부모를 보고 배운다. 책에 아무리 좋은 말이 있고, 훌륭한 스승에게서 도덕과 의리를 배운다 하더라도 결국 자식은 부모의 행동을 따라 한다. 마치 새끼 오리가 어미만 졸졸 쫓아다니는 것처럼, 자식은 부모의 말과 행동을 거울처럼 따라 하는 것이다.

내가 부모님께 효도하지 않으면 그 모습을 보고 자란 자식이 나에게 그대로 갚아준다. 자식에게 물려줄 것은 재산이나 책이 아니라 부모의 말과 행동이다.

효도하는 모습을 보고 효자가 된다

孝順 還生孝順子 忤逆 還生忤逆子
효순 환생효순자 오역 환생오역자
不信 但看簷頭水 點點滴滴不差移
불신 단간첨두수 점점적적불차이

부모에게 효도하고 순종하는 사람은
또한 효도하고 순종하는 자식을 낳을 것이요,
부모의 뜻을 거스르고 거역하는 사람은
또한 거스르고 거역하는 자식을 낳을 것이다.
믿지 못하겠다면 다만 처마 끝에서 떨어지는 물을 보라.
한 방울 한 방울 조금도 어긋남이 없다.

처마 끝의 물방울을 보면, 한 방울 한 방울이 똑같은 모양과 크기로 떨어진다. 떨어지는 위치도 똑같아서 바위에 구멍을 낸다. 마찬가지로 부모가 효도하는 모습을 보고 자란 아이는 그것이 원래 도리인 줄 알고 그대로 행동한다. 자연스럽게 각인이 되는 것이다. 인간의 도리는 글자로 가르칠 수 없다. 말로만 '이래라저래라' 할 때 아이들은 '엄마나 아빠는 안 그러면서 왜 나한테는 하라고 하세요?'라고 반발한다. 자식은 부모가 효도하는 모습을 보고 효자가 된다.

자기를 바르게 하려면

정기편 正己篇

'정기(正己)'는 '자기를 바르게 하다'라는 말이다.
이 편에서는 남과 세상을 탓하기 전에
자기부터 바르게 다스리는 것을 강조하고 있다.
또한, 자신을 성찰하고 절제로써 삼가는
자기 수양의 길을 제시한다.

무엇에서든 배우려고 하라

見人之善 而尋己之善
견 인 지 선 이 심 기 지 선

見人之惡 而尋己之惡 如此 方是有益
견 인 지 악 이 심 기 지 악 여 차 방 시 유 익

남의 선한 점을 보면 나의 선한 점을 찾고,

남의 악한 점을 보면 나의 악한 점을 찾아라.

이와 같이 하면 장차 이로움이 있다.

다른 사람의 선한 점을 보면 '착한 척하는 거 아니야?' 하면서 의심하거나 질투하지 말고, '나에게도 저런 선한 모습이 있지 않을까?' 하면서 그 속에서 내가 배울 만한 점을 찾는 것이 좋다. 다른 사람의 악한 점을 보면 화내거나 벌주려고만 하지 말고, '나에게도 저런 악한 모습이 있지 않을까?' 하면서 자기 자신을 돌아보는 계기로 삼는 것이 현명하다.

다른 사람은 나를 비춰주는 거울이다. 상대의 선한 모습은 내 안의 선을 보여주고, 악한 모습은 내 안의 악을 보여주는 것이다. 어떤 상황에서든 배우려고 하면 결국 자신에게 이로움이 있다.

남을 포용하는 큰 그릇이 되어야 한다

大丈夫當容人 無爲人所容
대 장 부 당 용 인 무 위 인 소 용

대장부는 마땅히 다른 사람을 포용할 것이지,

다른 사람에게 포용되는 일은 없어야 한다.

《경행록》의 말이다.

여기서 '대장부'는 '리더', '지도자'로 바꾸어 읽어도 좋다. 리더는 특정한 분야에 역량이 뛰어난 사람이라기보다는 뛰어난 사람들이 함께 일할 수 있는 장(場)을 만들어주는 사람이다. 커다란 그릇에는 여러 종류의 음식을 놓을 수 있고, 작은 그릇에는 한두 가지 음식밖에 놓지 못하듯이 리더의 그릇이 크면 다양한 사람을 포용할 수 있지만, 그렇지 않으면 많은 사람을 포용할 수 없다.

모든 사람이 리더가 될 수는 없다. 전문가의 특성을 가진 사람도 필요하다. 하지만 리더의 길을 선택했다면 마땅히 다른 사람을 포용할 수 있는 마음의 그릇을 키워야 한다.

절대 교만하지 말아야 한다

勿以貴己而賤人 勿以自大而蔑小
물 이 귀 기 이 천 인 물 이 자 대 이 멸 소
勿以恃勇而輕敵
물 이 시 용 이 경 적

자신을 귀하게 여겨 남을 천하다고 하지 말고,
자신을 크다 여겨 남이 작다 업신여기지 말고,
자신의 용맹을 믿고서 적을 가볍게 여기지 말아야 한다.

태공의 말이다. 태공은 높은 덕망과 재주를 가졌으면서도 가난하게 살면서 평생 때를 기다린 인물이다. 그는 노인이 다 되어서야 주문왕을 만났고, 이후 주문왕의 아들 주무왕을 도와 상(商)나라를 멸망시키고 주나라를 세웠다.

평생 기다리고 인내하면서 그가 배운 삶의 자세 중 하나가 '교만하지 말아야 한다' 아니었을까? 자신만을 귀하게 여기고 남을 천하게 여기고, 자신을 크다 생각하면서 남을 업신여기면 상대는 원한을 품고, 마음을 열지 않는다. 같은 편이라 하더라도 전장에서 나를 구해주지 않는다. 내부에 적을 만드는 것이다. 자신의 용맹만을 믿고 적을 가볍게 여기면 적에게 당할 수 있다.

남의 허물을 입 밖에 내지 말라

聞人之過失 如聞父母之名
문 인 지 과 실 여 문 부 모 지 명
耳可得聞 口不可言也
이 가 득 문 구 불 가 언 야

남의 과실을 들으면

부모님의 이름을 들은 것 같이 하여

귀로는 듣더라도 입 밖으로 내지 말라.

마원의 말이다.

다른 사람의 단점이나 과실을 말하는 행동에는 그를 깎아내리면서 우월감을 느끼려는 의도가 있다. 예를 들어, 사람들은 'A와 B는 불륜관계'라고 말하면서 자기가 더 도덕적인 사람인 것처럼 생각한다. 혹은 'A는 사람을 좀 무시하더라' 하고 단점을 이야기하면서 자기는 남을 더 존중하는 태도를 가진 사람인 것처럼 포장한다.

이런 행동은 자기의 발전에 전혀 도움이 되지 않는다. 남의 단점이나 과실을 보면 나에게는 그런 점이 없을지 살펴보고, 자신을 변화시키는 계기로 삼는 것이 인격이 성숙한 사람의 행동이다.

다른 사람의 선함에 기뻐하라

聞人之謗 未嘗怒 聞人之譽 未嘗喜 聞人之惡 未嘗和
문 인 지 방 미 상 노 문 인 지 예 미 상 희 문 인 지 악 미 상 화

聞人之善 則就而和之 又從而喜之
문 인 지 선 즉 취 이 화 지 우 종 이 희 지

다른 사람에게 비방을 듣더라도 화내지 말고,

다른 사람에게 칭찬을 듣더라도 기뻐하지 말 것이며,

다른 사람의 단점을 듣더라도 그것에 동조하지 마라.

다른 사람의 선한 점을 들으면 나아가 어울리며 따라서 기뻐할 것이다.

소강절의 말이다.

다른 사람이 나를 비방하더라도 그것은 하나의 의견에 지나지 않는다. 그 사람의 관점에서 나를 바라보고 판단한 것일 뿐이다. 그것에 화낼 필요 없다. 칭찬도 마찬가지다. 남들의 칭찬은 실제 본질과는 무관한 주관적인 판단에 의한 것이다. 괜히 우쭐할 일이 아니다. 즉, 나에 대한 남들의 평가에 일희일비하지 말아야 한다는 것이다.

다른 사람의 단점을 듣고 그에 동조하여 같이 욕하는 사람은 발전이 없다. 남의 선한 점을 듣고 함께 기뻐하면서 그 선함을 북돋는 것이 현명한 행동이다.

부지런히 노력하고 매사 조심하라

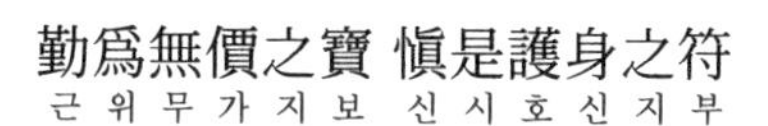

勤爲無價之寶 愼是護身之符
근 위 무 가 지 보 신 시 호 신 지 부

부지런함은 값을 매길 수 없는 보배요,

조심함은 몸을 보호하는 부적이다.

태공의 말이다.

부지런한 사람이 모두 성공하는 것은 아니지만, 성공하는 사람은 모두 부지런하다. 부지런함은 기본이다. 여기에 긍정적인 마음, 뚜렷한 목표의식, 피나는 노력, 행운 등이 함께해서 성공할 수 있다. 부지런함은 성공의 바탕이고 값을 매길 수 없는 보배다.

소위 '성공했다'는 사람도 순간의 방심으로 모든 것을 잃는 경우가 있다. 조심하지 않아서 그렇다. 사회적으로 성공한 사람들이 성적으로 부적절한 행동을 하거나, 다른 사람에게 갑질하다가 나락으로 떨어지는 일이 비일비재하다. 사람은 어떤 상황에서든 몸과 마음을 삼가고 조심해야 한다. 그것이 몸을 보호하는 부적이다.

욕심과 명예를 멀리하라

保生者 寡慾 保身者 避名
보생자 과욕 보신자 피명
無慾 易 無名 難
무욕 이 무명 난

삶을 보전하려는 자는 욕심을 적게 하고,
몸을 보전하려는 자는 명예를 피해야 한다.
욕심을 없애기는 쉽지만 명예를 없애기는 어렵다.

《경행록》의 말이다.

물질과 명예에 지나치게 집착하면 몸을 망칠 수 있다. 어느 정도의 욕심은 지금보다 나은 모습으로 성장하고 발전하는 데 도움이 된다. 하지만 과도한 욕심은 다른 사람과 지나친 경쟁을 유발하거나, 자기 본모습이 아닌 가공된 모습으로 살게 한다. 그 결과로 심신이 위태로워질 수 있다.

욕심은 자기 마음만 내려놓으면 비교적 쉽게 없앨 수 있다. 이에 반해 명예는 사회적인 관계와 체면의 문제라 쉽게 내려놓기 힘들다.

나의 단점을 말해주는 사람이 스승이다

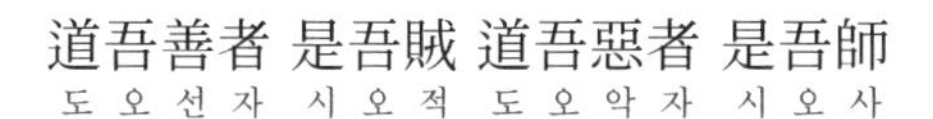

道吾善者 是吾賊 道吾惡者 是吾師
도 오 선 자 시 오 적 도 오 악 자 시 오 사

나의 좋은 점을 말해주는 사람은 나의 적이고,

나의 나쁜 점을 말해주는 사람은 나의 스승이다.

누군가 나의 좋은 점을 말해주면 냉정하게 판단해야 한다. 만약 그 말이 옳다면, '내게 이런 장점이 있구나' 하고 그 장점을 계속 계발할 방법을 생각하면 된다. 하지만 괜한 자만심이 생기는 것을 경계해야 한다. 그 말이 틀렸다면, 상대는 나를 제대로 알지 못하고 아첨하는 말을 한 것이다. 나에게는 적과 같다.

나의 나쁜 점을 말해주는 사람은 나와 관계가 서먹해질 것을 각오하고 진심으로 그 말을 하는 것이다. 만약 상대의 말에 오해가 있다고 해도 그 마음만은 고맙게 생각하는 것이 옳다.

몸과 마음을 위해 피해야 할 것

怒甚偏傷氣 思多太損神 神疲心易役
노 심 편 상 기 사 다 태 손 신 신 피 심 이 역

氣弱病相因 勿使悲歡極 當令飮食均
기 약 병 상 인 물 사 비 환 극 당 령 음 식 균

再三防夜醉 第一戒晨嗔
재 삼 방 야 취 제 일 계 신 진

심하게 성내면 기운이 상하고, 생각이 많으면 정신이 상한다.

정신이 피로하면 마음이 쉽게 지치고, 기운이 약하면 병이 난다.

슬픔과 기쁨이 지나치지 않게 하고, 마땅히 음식을 고르게 먹어야 한다.

밤에 술 취하는 것을 삼가고, 새벽에 화내는 것을 가장 경계해야 한다.

손진인이 《양생명》에서 한 말이다.

몸과 마음을 평안하고 건강하게 유지해야 할 일을 잘 해내고, 하고 싶은 일도 하면서 즐길 수 있다.

심하게 성내거나, 너무 생각이 많거나, 감정이 격해지거나 하면 마음이 지치고 이것이 몸에도 영향을 미친다. 과식하거나 밤에 술 취하거나 새벽에 화내는 것은 건강에 바로 영향을 주니 피해야 한다. 특히 새벽은 양기(陽氣) 중 목(木)의 기운이 생(生)하는 시간인데, 이때 화를 내면 간을 상하게 하니 주의해야 한다.

욕심을 줄이면 편안하다

食淡精神爽 心淸夢寐安
식 담 정 신 상 심 청 몽 매 안

음식이 담박하면 정신이 상쾌하고
마음에 욕심이 없으면 잠자리가 편안하다.

《경행록》의 말이다.

기름진 음식을 먹거나 과식하면 소화가 잘 되지 않는다. 몸도 무겁지만, 정신도 맑지 않다. 음식은 소화가 잘 되는 것으로 적당히 먹어야 한다. 무엇인가를 원하는 것도 적당한 것이 좋다. 욕구가 필요를 넘어 지나친 욕심이나 욕망으로 변질되면 마음이 편치 않다.

성공하는 사람은 꿈을 꾸면서 자신을 성장시키지만, 실패하는 사람은 욕심으로 마음을 가득 채워 항상 만족하지 못한다. 적당한 선에서 만족해야 욕심으로 인해 모든 것을 잃어버리는 우를 범하지 않을 수 있다.

마음을 안정시키는 것이 우선이다

定心應物 雖不讀書 可以爲有德君子
정 심 응 물 수 부 독 서 가 이 위 유 덕 군 자

마음을 안정케 하여 사물을 대한다면
비록 글을 읽지 않았다 하더라도
덕 있는 군자라 할 수 있다.

삶의 주인은 항상 자신이 되어야 한다. 외부의 사물에 마음을 빼앗기면 군자라 할 수 없다. 아무리 많은 글을 읽고 많이 공부한 사람이라도, 돈의 유혹 앞에서 흔들리거나 빈궁한 처지를 비관하며 괴로워한다면 소인과 다를 것이 없다.

자신의 삶을 새롭게 바꾸는 방법은 사물을 바라보는 관점을 바꾸는 것이다. 자기만의 관점이 있고, 마음이 안정되어 있으면 사물을 있는 그대로 볼 수 있다. 본질을 보는 것이다. 그렇지 않으면 남들이 정해놓은 방식으로 사물을 바라본다.

본질을 보려면 세상을 보는 자기만의 관점을 갖고, 마음을 안정케 하는 것이 우선이다.

분노와 욕심을 잘 다스려야 한다

懲忿如救火 窒慾如防水
징 분 여 구 화 질 욕 여 방 수

분노 그치기를 불을 끄듯이 하고,

욕심 막기를 물 막듯이 하라.

주희와 여조겸이 함께 지은 성리학 서적인《근사록》의 구절이다.

분노의 감정은 불과 같아서 한번 불붙기 시작하면 걷잡을 수 없이 번져 나간다. 초기에 분노의 불꽃이 타오르는 것을 잘 알아차리고 막아내야 한다. 사소한 분노가 도화선이 되어 폭력이나 금전적인 손실 등 큰 불행으로 이어질 수 있다.

사람은 가진 것을 늘리거나 욕심을 줄여야 만족할 수 있다. 물질적인 것으로 채워지는 욕심은 계속 커지기 마련이고, 가진 것을 무한정 늘리는 것은 불가능하다. 그러니 행복은 욕심의 적절한 조절에 달려 있다.

몸을 잘 지키는 법

避色如避讐 避風如避箭 莫喫空心茶 少食中夜飯
피 색 여 피 수 피 풍 여 피 전 막 끽 공 심 다 소 식 중 야 반

여색 피하기를 원수 피하듯 하고,

바람 피하기를 화살 피하듯 하라.

빈속에는 차를 마시지 말고,

밤에는 밥을 적게 먹어라.

송나라 홍매가 지은《이견지》의 내용으로, 건강을 지키기 위한 대표적인 방법을 전해주고 있다. 몸의 정기를 보존하려면 사랑에도 건강한 거리를 두어야 한다. 바깥바람을 너무 맞으면 기운이 흩어진다. 체온을 유지하기 위해 옷을 적절히 잘 입고, 외부 활동도 조절하는 것이 좋다.

빈속에 차를 마시거나 한밤중에 음식을 많이 먹으면 위장이 상한다. 한의학에서 위를 '오장육부지해(五臟六腑之海)'라고 해서 모든 장기에 영양을 공급하는 원천이 되는 중요한 장기로 정의한다. 위가 고장나면 영양 공급에 차질이 생기니 주의해야 한다.

건강을 위해서는 작은 습관부터 바로잡아야 한다.

하지 않아도 되는 것은 내버려두라

無用之辯 不急之察 棄而勿治
무 용 지 변 불 급 지 찰 기 이 물 치

쓸데없는 말과 급하지 않은 일은

내버려두고 다스리지 말라.

전국시대 말기 사상가 순자의 말이다.

일을 처리할 때는 시급하고 중요한 일을 가장 먼저 해야 한다. 그다음으로는 시급하지만 중요하지 않은 일, 시급하지는 않지만 중요한 일을 상황에 따라 적절히 처리한다. 급하지도 않고 중요하지도 않은 일은 신경 쓸 필요 없다.

중요한 것은 이렇게 일의 시급성이나 중요성을 판단할 수 있는 능력, 우선순위를 정하는 역량이다. 우선순위를 잘 정했다면 그에 따라 하나하나 처리하고, 하지 않아도 되는 것은 내버려두면 된다.

말과 재물에 대한 바른 태도

酒中不語 眞君子 財上分明 大丈夫
주중불어 진군자 재상분명 대장부

술에 취해서도 말이 없는 것이 진정한 군자이며,
재물에 대해 태도가 분명한 것이 대장부다.

보통 술에 취하면 말이 많아진다. 자신을 통제하지 못하고 주저리 주저리 했던 말을 몇 번이고 반복한다. 군자라면 어떤 상황에서도 자신을 통제할 수 있어야 한다. 물론 술에 약한 체질일 수도 있지만, 그렇다면 심하게 취할 때까지 마시지는 않아야 한다.

재물 거래를 해보면 그 사람을 알 수 있다. 금전 거래에 흐리멍덩한 사람은 매사에 맺고 끊음이 정확하지 않고, 일 처리를 믿을 수 없다.

어떤 상황에서도 자신을 잘 통제하고 재물을 명확하게 관리할 수 있는 사람이 군자, 대장부라 할 수 있다.

너그러운 마음을 가져라

萬事從寬 其福自厚
만 사 종 관 기 복 자 후

모든 일에 너그러움을 따르면
그 복이 저절로 두터워진다.

사람들은 보통 자신에게는 너그럽고 다른 사람에게는 까다롭게 군다. 자신에 대해서는 사정을 봐주기 쉽다. '며칠 열심히 했으니까, 오늘은 괜찮아'라며 작심삼일을 합리화하기도 하고, '이 정도는 눈감고 넘어가도 되겠지' 하며 작은 불의를 저지르기도 한다.

하지만 덕이 있는 사람은 그와 반대로 처신한다. 엄격한 기준으로 자신을 다스리고, 다른 사람은 너그럽게 대하는 것이다. 자신을 엄격하게 다스려야 성장과 발전이 있고, 남을 너그럽게 대해야 사람들의 신망을 얻어 복이 두터워진다.

남을 해치려 하면 자기가 먼저 아프다

欲量他人 先須自量
욕 량 타 인 선 수 자 량

傷人之語 還是自傷 含血噴人 先汚其口
상 인 지 어 환 시 자 상 함 혈 분 인 선 오 기 구

남을 헤아려보려거든 먼저 자신을 헤아려보라.

남을 해치는 말은 도리어 자신에게 상처가 되니,

피를 머금어 남에게 뿜으려고 하면 먼저 자기 입이 더러워진다.

남을 평가하려면 자기 자신부터 돌아봐야 한다는 태공의 말이다. 아무리 맞는 말이라고 하더라도 상대가 생각하기에 자격이 없는 사람에게 듣는다면 수긍하기 힘들기 때문이다. 또한, 내가 충분한 자격이 없는 경우 남을 비방하는 말은 그대로 칼이 되어 나에게 돌아오기 쉽다.

남을 해치려는 말은 나를 먼저 해친다. 내 입이 먼저 더러워지고, 부정적인 생각에 스스로 괴롭다. 만약 남에게 단점이나 허물이 있다면 진심으로 충고해줘야지, 해치려고 하면 내가 먼저 아프다. 단점이 있는 사람도 상생(相生)의 마음으로 품어야 나도 살고, 남도 산다.

유희에만 빠지지 말라

凡戲無益 惟勤有功
범 희 무 익 유 근 유 공

모든 유희는 이로움이 없고

오직 부지런함만이 공이 있다.

이 글은 잘 가려 읽어야 한다. '모든 유희에 이로움이 없다'는 말은 부지런함의 중요성을 강조하기 위한 것이지, 유희 자체에 정말 아무런 이익이 없다는 것으로 받아들이지 않아도 좋다. '호모 루덴스(Homo Ludens, 놀이하는 인간)'라는 말이 있듯이, 놀이는 인간의 본성이다. 오로지 일만 하고 놀지 않는 사람은 사는 것에 즐거움이 없고 지치기 쉽다.

행운은 게으른 사람을 비켜가지만 부지런한 사람 곁을 맴돈다. 자기 삶을 통제하지 못하면서 외부에 끌려다니는 실패자는 대부분 나태하고, 자기 뜻대로 인생을 이끌어가는 사람은 하나같이 부지런하다.

애초에 오해할 만한 행동을 피하라

瓜田不納履 李下不整冠
과 전 불 납 리 이 하 부 정 관

오이밭에서는 신을 신지 말고
오얏나무 아래에서는 갓을 고쳐 쓰지 마라.

오이밭에서는 허리를 숙여 오이를 딴다. 남의 오이밭에서 허리를 숙여 신을 고쳐 신으면 오이를 훔쳐가는 것으로 오해받을 수 있다. 오얏나무의 열매는 손을 위로 올려 따야 한다. 남의 오얏나무 아래에서 갓을 고쳐 쓰려고 손을 올리면 열매를 따려는 행동으로 보인다.

도둑으로 몰린 뒤 해명하고 오해를 풀더라도 시간적, 정신적으로 손해가 있다. 애초에 오해할 만한 행동을 피하는 것이 상책이다. 어떤 일을 할 때는 남의 오해를 사지 않도록 신중하고 조심하는 것이 지혜롭다.

몸을 수고롭게 하라

心可逸 形不可不勞 道可樂 身不可不憂
심가일 형불가불로 도가락 신불가불우
形不勞 則怠惰易弊 身不憂 則荒淫不定
형불로 즉태타이폐 신불우 즉황음부정
故 逸生於勞而常休 樂生於憂而無厭
고 일생어로이상휴 낙생어우이무염
逸樂者 憂勞 豈可忘乎
일락자 우로 기가망호

마음은 편안하더라도 몸은 수고롭게 하지 않을 수 없고,
도를 즐기더라도 몸은 근심하지 않을 수 없다.
몸이 수고롭지 않으면 게을러져 쉽게 허물어지고,
몸에 근심이 없으면 음탕해져 안정되지 못한다.
그러므로 편안함은 수고로움에서 생겨야 항상 기쁠 수 있고,
즐거움은 근심에서 생겨야 싫증이 없으니,
편안하고 즐거워하려는 자가 근심과 수고로움을 어찌 잊을 수 있겠는가?

지나치게 편하면 게을러진다는 《경행록》의 말이다. 권태를 느끼면 잡념이 많거나 음탕함에 빠지기도 한다. 위대한 성인들은 몸을 움직이고 일하는 것을 피하지 않았다. 몸이 피곤함과 편안함 사이에서 균형을 잡아야 마음도 편안함과 즐거움을 오래 누릴 수 있다.

타인에게 관대하라

耳不聞人之非 目不視人之短
이 불 문 인 지 비 목 불 시 인 지 단
口不言人之過 庶幾君子
구 불 언 인 지 과 서 기 군 자

귀로는 다른 사람의 잘못을 듣지 않고,
눈으로는 다른 사람의 단점을 보지 않으며,
입으로는 다른 사람의 허물을 말하지 않아야 군자에 가깝다.

우리 눈에는 보려고 하는 것만 보인다. 귀로 다른 사람의 잘못을 듣고, 눈으로 단점을 보고, 입으로 허물을 말하는 것이 습관이 되면, 누구를 대하더라도 단점과 허물만 보인다.

다른 사람의 장점을 보고 사람을 대하면 누구든 함께 할 수 있지만, 단점만 보면 사귈 만한 사람은 아무도 없다. 군자는 다른 사람의 장점과 단점을 있는 그대로, 균형 있게 본다. 더욱이 단점을 말하지 않고, 장점을 취하여 많은 사람과 함께 한다. 완벽한 사람은 없기 때문이다. 타인에게 관대한 시선을 가진 사람이 군자다.

말은 마음을 드러내는 소리다

喜怒在心 言出於口 不可不愼
희 노 재 심 언 출 어 구 불 가 불 신

기쁨과 노여움은 마음에 있고,

말은 입을 통해 밖으로 나가니 조심하지 않을 수 없다.

후한 때 효자로 유명했던 채백개의 말이다.

매 순간 마음속에서는 여러 감정이 일어났다 사라진다. 우리는 상대의 교만함에 분노하기도 하고, 작은 친절에 기분이 좋아지기도 한다. 매번 속마음 그대로 행동하는 사람은 없다. 사람들과 부대끼며 살아가려면 때로는 마음에 없는 말도 해야 하고, 분노해도 겉으로는 웃는 가면을 써야 한다. 내 마음을 있는 그대로 모두 상대에게 들켜버리면 곤란하다. 감정은 완벽하게 통제할 수 없기 때문이다.

마음이 소리가 되어 나오는 것이 말이니, 조심하지 않을 수 없다.

욕심과 교만을 경계하라

福生於淸儉 德生於卑退 道生於安靜
복 생 어 청 검 덕 생 어 비 퇴 도 생 어 안 정
命生於和暢 憂生於多慾 禍生於多貪
명 생 어 화 창 우 생 어 다 욕 화 생 어 다 탐
過生於輕慢 罪生於不仁
과 생 어 경 만 죄 생 어 불 인

복은 맑고 검소한 데서 생기고, 덕은 자신을 낮추고 겸손한 데서 생기며, 도는 편안하고 고요한 데서 생기고, 생명은 조화롭고 화창한 데서 생긴다. 근심은 욕심이 많은 데서 생기고, 재앙은 탐내는 마음이 많은 데서 생기며, 허물은 경솔하고 교만한 데서 생기고, 죄는 어질지 못함에서 생긴다.

도교의 《성유심문》에서 전해진 말이다.

욕심이 많으면 항상 무엇인가를 손에 넣고자 하니, 만족스러운 상황이 없고 마음이 편치 않다. 대나무 속처럼 텅텅 비어 욕심이 없다면 근심할 것도 없다. 자기 분수 이상의 것을 탐내면 무리수를 두게 되고, 재앙을 불러올 수 있다. 경솔하고 교만하면 다른 사람의 감정을 헤아리지 못하고, 실수하기 마련이다. 어진 마음은 남을 사랑하고 헤아리는 마음이다. 어질지 못하면 다른 사람에게 죄를 짓게 된다.

이미 지나간 것은 생각하지 말라

物順來而勿拒 物旣去而勿追
물 순 래 이 물 거 물 기 거 이 물 추

身未遇而勿望 事已過而勿思
신 미 우 이 물 망 사 이 과 이 물 사

聰明多暗昧 算計失便宜
총 명 다 암 매 산 계 실 편 의

사물이 순리대로 오면 물리치지 말고, 이미 가버렸으면 쫓지 말며,
때를 만나지 못해도 바라지 말고, 이미 지나갔다면 생각하지 말라.
총명한 자도 어두운 때가 많고, 잘 세운 계획도 형편이 좋지 않을 때가 있다.

앞의 글과 이어지는 대목으로, 여기서 '사물(物)'은 '재물'로 읽어도 무방하다. 재물은 사람에게 순리대로 온다. 사람이 재물을 쫓으면 멀리 달아나지만, 나답게 살아가면 재물이 모인다. 자기의 본성과 고유의 리듬을 잃지 않도록 해야 한다.

때를 만나지 못하고 일이 지나가 버렸다면 아쉬워한들 소용없다. 그저 '내 것이 아니었다' 고 생각하고 놓아주어야 한다.

아무리 총명한 사람이라도 사리판단이 어두울 때가 있고, 계획을 잘 세웠더라도 운이 따르지 않을 때가 있다. 모든 일에 여유를 갖고 그 흐름에 몸을 맡기는 것이 현명하다.

가진 것에 만족하려면

안분편 安分篇

'안분(安分)'은 '분수에 편안하다'라는 말이다.
'분(分)'은 '분수, 운명, 직분'이라는 뜻으로,
'안분(安分)'은 주제를 알고
그 자리에 머물러 있으라는 말이 아니라,
과한 욕심을 부리지 말라는 말이다.
욕심을 채우려 하기보다는
가진 것에 만족할 줄 아는 사람이 행복하다.

욕심을 줄이고 만족할 줄 알면 즐겁다

知足可樂 務貪則憂
지 족 가 락 무 탐 즉 우

만족할 줄 알면 즐거울 수 있고,
탐욕에 힘쓰면 근심한다.

《경행록》의 말이다.

만족하지 않고 무엇인가를 원하는 것이 나쁜 것은 아니다. 운동선수가 자기의 수준에 만족하고 기량을 갈고닦지 않으면 경기장에서 관객들에게 탁월한 모습을 보여줄 수가 없다. 사람들이 땅에 붙어서 이동하는 것에 안주했다면, 비행기를 발명하지 못했을 것이다.

건강한 욕구까지 버려서는 안 된다. 하지만 필요 이상으로 지나치게 탐하는 것은 해롭다. 적절한 선에서 만족하면서 얻는 즐거움을 누리려면 불필요한 욕심을 버려야 한다.

만족할 줄 알아야 근심이 없다

知足者 貧賤亦樂 不知足者 富貴亦憂
지 족 자 빈 천 역 락 부 지 족 자 부 귀 역 우

만족할 줄 아는 사람은 가난하고 천한 지위에 있어도 즐겁고,
만족할 줄 모르는 사람은 부귀해도 근심이 있다.

지위와 부유함이 행복의 기준인 사람은 지위가 낮고 가난한 것을 견디지 못한다. 항상 불만이 가득하고, 근심에 빠져 있다. 이런 사람은 결과를 중요하게 생각하고, 한 걸음 한 걸음 걸어가는 과정을 과소평가한다. 하지만 겉으로 드러나는 모습을 행복의 기준으로 삼지 않는 사람은 지위가 낮고, 가난해도 만족할 수 있다. 그저 자신이 찾으려는 것을 위해 꾸준히 노력하면서 자기만의 참된 인생을 만들어 간다.

만족을 아는 사람은 겉으로는 가난하더라도 내면은 부유하고, 만족을 모르고 끝없이 탐욕스러운 사람은 겉으로는 부유하더라도 내면은 가난하다.

넘치는 생각과 행동을 주의하라

濫想 徒傷神 妄動 反致禍
남상 도상신 망동 반치화

분수에 넘치는 생각은 다만 정신을 상하게 하고,

함부로 하는 행동은 도리어 재앙을 부른다.

사람은 항상 향상심을 갖고 성장하기 위해 노력해야 한다. 그렇다고 자기 분수를 모르고 교만한 마음을 품으면 위태롭다. 교만한 마음은 마치 바위투성이의 황량한 산꼭대기와도 같아서, 그 무엇도 그것을 보호해주지 않는다. 삐죽 튀어나온 산꼭대기가 비바람에 깎이듯이 교만함은 많은 사람의 공격 대상이 된다.

행동할 때 신중하지 않고 경솔하면 가만히 있는 것만 못하다. 교만함이 자기를 위태롭게 하듯, 경솔한 행동은 재앙을 부른다.

욕됨과 부끄러움을 피하는 길

知足常足 終身不辱 知止常止 終身無恥
지 족 상 족 종 신 불 욕 지 지 상 지 종 신 무 치

만족할 줄 알아 항상 만족하면 평생 욕됨이 없고,

그칠 줄 알아 항상 그치면 평생 부끄러움이 없다.

스스로 만족할 줄 모르는 사람은 거지와 같다. 하나를 주면 둘을 달라고 하고, 둘을 주면 셋을 달라고 한다. 만족하지 않는 사람은 자기가 원하는 것이 무엇인지 정확하게 알지 못한다. 무엇인가를 '왜?' 원하는지 스스로 정리가 되어 있지 않기 때문에 어느 정도 선에서 그치고 만족해야 하는지 알 수 없다.

만족할 줄 아는 사람은 자기만의 기준이 있다. 그런 사람에게는 결과보다는 과정이 중요하다. 올바른 행동과 그 행동에서 비롯하는 마음의 평화가 어설프게 외부에서 주어지는 물질이나 겉으로 드러난 결과보다 중요하다.

겸손함에 이로움이 있다

滿招損 謙受益
만 초 손 겸 수 익

(자만하여) 가득 차면 잃기 마련이고,

겸손하면 이로움을 얻는다.

《서경》의 말이다.

자신감이 가득 차더라도 그것을 잘 갈무리하여 자만심으로 변질되지 않도록 하는 것이 자기 수양이다. 자만심에 휩싸이면 다른 사람과 자신을 구분하고 차별하는 생각이 점점 더 커진다. '나는 잘난 사람이고, 저 사람은 나보다 못하다'는 생각으로 가득 차 있으면, 타인에 대한 사랑이나 관용이 들어올 틈이 없다. 남을 깔보고 무시하는 태도는 금세 들통난다. 세상 그 누구도 자기를 깔보는 사람을 위해주려 하지 않는다.

자만하면 곧 사람을 잃고, 사람을 잃으니 모든 것을 잃는 것과 같다. 겸손한 사람은 사람을 모여들게 하고, 결국 이로움을 얻는다.

초탈하여 사는 방법

安分身無辱 知機心自閑
안 분 신 무 욕 지 기 심 자 한
雖居人世上 却是出人間
수 거 인 세 상 각 시 출 인 간

분수에 맞게 편안하게 여기면 몸에 욕됨이 없고,

기미를 알면 마음이 절로 한가하다.

비록 인간 세상에 살더라도 인간 세상을 벗어난 것이다.

송나라 학자 소옹의 시집《격양시》의 일부이다.

그릇에 물을 절반 정도 채우면 조금 모자란 느낌이 든다. 물을 조금 더 부어 80% 정도가 차면 적절하다. 그런데 계속 물을 부어 그릇을 꽉 채워버리면, 물이 찰랑찰랑하게 가득하여 불안하다. 여기에 물을 한 방울만 더 넣어도 물은 흘러넘치고 만다.

사람은 자기 그릇의 크기를 가늠하고, 넘치지 않는 적당한 정도에서 만족해야 한다. 분수를 알아야 한다는 말이다. 그래야 몸에 욕됨이 없다. 가득 채우려고만 하면 항상 허덕이고 불안하기 마련이다.

주제넘게 참견하지 말라

不在其位 不謀其政
부 재 기 위 불 모 기 정

그 자리에 있지 않다면,

그 자리에서 해야 할 일을 도모하지 말라.

《논어》에 나오는 공자의 말이다.

일반적으로 '그 직위나 직책에 있지 않다면, 그 정무를 논하지 않는다'로 해석되는 말이다. 조금 더 개인적인 관점에서는 '다른 사람의 처지에 있지 않으면서 그 사람의 일에 주제넘게 참견하지 말라'로도 해석할 수 있다.

'다른 사람의 처지에 있다'는 것은 객관적인 시각이 주관적인 시각으로 바뀐다는 말이다. 그 자리에 서서 겪어보면 남의 일이 아니라 내 일이다. 일어나는 사건에 격하게 감정이 동요하고, 직접적인 이해관계가 얽힌다.

역지사지(易地思之)의 정신으로 남의 위치에 서 보아야 한다. 그렇지 않으면 다른 사람을 머리로는 이해할 수 있을진 몰라도 그 감정을 느낄 수는 없다.

知足常足 終身不辱
지족상족 종신불욕
知止常止 終身無恥
지지상지 종신무치

만족할 줄 알아 항상 만족하면

평생 욕됨이 없고,

그칠 줄 알아 항상 그치면

평생 부끄러움이 없다.

마음을 지키려면

존심편 存心篇

'존심(存心)'은 '마음을 보존한다'라는 말이다.
마음은 주변 환경이나 다른 사람의 말에 이리저리 흔들리기 쉽다.
빼앗기기 쉬운 것이 마음이니,
이를 잘 지키는 것이 자신을 지키는 길이다.
마음을 통제하여 주변 사물에 동요하지 않는 평정을 유지할 때
성현의 경지에 가까워질 수 있다.

크고 멀리 생각해라

坐密室如通衢
좌 밀 실 여 통 구

馭寸心如六馬 可免過
어 촌 심 여 육 마 가 면 과

밀실에 앉아 있더라도 왕래 많은 큰 거리에 있듯이 하고,

작은 뜻을 부리기를 여섯 필의 말을 부리듯 하면 허물을 면할 수 있다.

《경행록》의 말이다.

자기 마음을 빼앗기지 않고 잘 보존하려면 혼자 있을 때도 마음을 잘 다스려야 한다. 혼자 있을 때 마음을 내팽개쳐 두면, 외부의 사건이나 자극에 금방 마음이 흔들리고, 위태로운 지경에 이를 수 있다.

혼자 있더라도 사람들의 왕래가 잦은 큰 거리에 있는 것처럼 조심스럽게 행동하면, 몸가짐과 마음가짐을 바르게 할 수 있다. 여섯 필의 말이 끄는 수레 위에 있을 때 말을 제대로 통제하지 못하면 말들이 제멋대로 날뛰어 큰 사고가 날 수 있다. 마음도 이와 마찬가지여서 철저히 관리하지 않으면 허물을 지을 수 있다.

부귀는 하늘의 뜻에 맡겨라

富貴如將智力求 仲尼年少合封侯
부 귀 여 장 지 력 구 중 니 연 소 합 봉 후
世人不解青天意 空使身心半夜愁
세 인 불 해 청 천 의 공 사 신 심 반 야 수

만일 부귀가 지혜와 힘으로 구할 수 있는 것이라면,
공자는 젊을 때 제후에 봉해졌어야 할 것이다.
세상 사람들은 푸른 하늘의 뜻을 알지 못하고
부질없이 몸과 마음을 한밤까지 근심하게 한다.

물질적인 부와 정신적인 부가 항상 일치하는 것은 아니라는《격양시》의 구절이다. 물질적으로 부유하면서도 정신적으로는 가난할 수 있고, 물질적으로 가난하면서도 정신적으로는 부유할 수 있다. 공자만 봐도 뛰어난 지혜를 가진 사람이 항상 부귀를 얻는 것은 아니다.

부귀는 꼭 뛰어나다고 얻을 수 있는 것이 아니라 하늘에 달렸다. 이 말을 운명론적인 체념으로 받아들일 필요는 없다. 열심히 노력하되 결과는 하늘에 맡기자는 것이다. 과정을 소중히 생각하고 결론에 연연하지 말자는 것이다. 결과에만 집중하면 항상 몸과 마음이 불편하다. 한밤중에도 제대로 잠을 자지 못하고 뒤척거리며 근심한다.

성현의 경지에 이르는 법

人雖至愚 責人則明 雖有聰明 恕己則昏
인 수 지 우 책 인 즉 명 수 유 총 명 서 기 즉 혼
爾曹 但當以責人之心 責己
이 조 단 당 이 책 인 지 심 책 기
恕己之心 恕人 則不患不到聖賢地位也
서 기 지 심 서 인 즉 불 환 부 도 성 현 지 위 야

사람이 비록 지극히 어리석을지라도 남을 꾸짖는 데는 밝고,
비록 총명할지라도 자신을 용서함에는 어둡다.
너희는 마땅히 남을 꾸짖는 그 마음으로 자신을 꾸짖고,
자신을 용서하는 그 마음으로 남을 용서하라.
그리하면 성현의 경지에 이르지 못할까 근심할 것이 없다.

북송 철종 때의 재상 범충선공의 말이다. 아무리 어리석은 사람이라도 남을 꾸짖는 데는 밝다. 자기 단점은 제대로 보지 못하면서 남의 단점은 잘 꾸짖는다. 총명한 사람이라도 용서에 어둡다. 남은 쉽게 용서하지 않으면서 자신은 너무 쉽게 용서하는, 그와 같은 어두움이 있다. 다른 사람의 허물을 보면 나에게 그런 허물이 없는지 돌아보는 것, 다른 사람을 쉽게 용서하는 것이 성현의 길이다.

부족한 듯이 하여 자신을 지켜라

聰明思睿 守之以愚 功被天下 守之以讓
총명사예 수지이우 공피천하 수지이양
勇力振世 守之以怯 富有四海 守之以謙
용력진세 수지이겁 부유사해 수지이겸

총명하고, 생각이 깊고, 밝더라도 어리석음으로 이를 지키고,
공이 천하를 덮을지라도 사양함으로 이를 지켜야 한다.
용맹함이 세상에 떨칠지라도 두려워함으로 이를 지키고,
부유하여 사해를 갖고 있을지라도 겸손함으로 이를 지켜야 한다.

《공자가어》에 나오는 말이다.

총명한 사람이 스스로 그것을 자랑하고 자만하면 점점 영민함이 빛을 잃는다. 마치 어리석은 듯 겸손한 것이 총명함을 지키는 길이다. 공이 많은 사람이 남에게 양보하지 않고 모든 공을 독차지하려고 하면 다른 사람들의 시기를 받는다. 양보하는 것이 공을 지키는 방법이다.

용맹함을 드러내고 자랑하면 실수하기 마련이다. 두려워하는 듯 조심해야 실수가 적다. 상황이 좋다고 해서 교만해지지 말고, 조금 부족한 듯이 하여 자신을 지켜야 할 것이다.

힘든 시절을 잊지 마라

薄施厚望者 不報
박 시 후 망 자 불 보
貴而忘賤者 不久
귀 이 망 천 자 불 구

박하게 베풀고 많이 바라는 자는 보답이 없고,
귀하게 되었다고 힘든 시절을 잊는 사람은 오래가지 못한다.

황석공이 지은 《소서》의 일부분이다.

유명한 '흥부와 놀부 이야기'를 보면 보답을 바라고 하는 행동의 결말을 알 수 있다. 흥부는 다리 다친 제비를 정성껏 치료해주어 많은 보답을 받지만, 놀부는 제비의 치료보다는 그 보답에만 관심을 가진다. 심지어 제비의 다리를 일부러 부러뜨리기까지 한다.

자수성가하여 귀하게 되었다고 해서 힘든 시절을 잊고 마음에 교만을 품은 사람은 그 부귀를 오랫동안 누리지 못한다. 자만하고 방심하면 실수하기 마련이고, 가진 것을 지킬 수 없기 때문이다.

중요한 것은 마음과 동기다. 선한 동기와 신실한 마음이 있어야 복을 누릴 수 있다.

베풀고 나서 아까워하지 마라

施恩勿求報 與人勿追悔
시 은 물 구 보 여 인 물 추 회

은혜를 베풀고 보답을 바라지 말고,

남에게 주었다면 지난 일을 뉘우쳐 아까워하지 마라.

남에게 도움을 줄 때는 순수한 마음으로 해야 한다. 보답을 바라면 그 순수함이 사라진다. 진심으로 남을 위하는 사람은 은혜를 베풀고도 어떤 대가나 보답을 바라지 않는다. 만약 한 가지 바라는 것이 있다면 상대의 행복일 것이다.

상대방이 은혜를 입고도 감사하지 않는다면, 그 사람을 미워하지 말고 자신을 돌아보라. 나는 모든 은혜를 대리석에 새기듯 잊지 않고 잘 보답했는가? 혹시 모래 위에 쓴 글씨처럼 금세 잊어버린 것은 아닌가?

베풀고 나서 아까워하거나 생색내는 순간, 상대의 고마움도 사라져버리니 주의해야 한다.

항상 부족한 점을 살펴라

膽欲大而心欲小 知欲圓而行欲方
담 욕 대 이 심 욕 소 지 욕 원 이 행 욕 방

담력은 크게 가지되 마음은 세심해야 하고,

지혜는 원숙하되 행동은 방정해야 한다.

당(唐)나라 의사 손사막의 말이다.

담력이 크고 기개가 있는 사람은 일을 할 때 두려움 없이 추진하는 힘이 있지만, 함께 하는 주변 사람의 마음을 세심하게 살피는 것은 서투르기 쉽다. 아는 것이 많은 사람은 자신이 가진 지식으로 사람들에게 도움을 주지만, 진실한 속내를 드러내지 않고 교활하게 행동하거나, 가진 지식을 믿고 자칫 교만해지기 쉽다.

자기가 가진 능력과 기질이 장점이 되기도 하지만, 단점이 될 수도 있다. 항상 조심하고 부족한 점이 없는지 자신을 살펴야 한다.

조심하고 깨어 있으라

念念要如臨戰日 心心常似過橋時
염 염 요 여 림 전 일 심 심 상 사 과 교 시

생각은 전쟁에 임하는 날처럼 하고,

마음은 항상 외나무다리를 건널 때와 같이 하라.

전쟁터에서 정신을 집중하고 있지 않으면 목숨이 위험하다. 정신의 날을 세우고 깨어 있어야 몸이 위태롭지 않다. 수시로 주위를 둘러보고 위험이 있지는 않은지 살피고, 적의 동태를 파악해야 한다. 전쟁터에서는 끊임없이 생각하고 조심해야 한다.

외나무다리를 건널 때 마음이 다른 곳에 가 있으면 위험하다. 마음을 지금, 이곳에 두지 않으면 균형이 무너져 떨어져버린다. 마음을 항상 현재에 집중해야 한다. 집중된 의식으로 하나하나 현실을 헤쳐 나가면 어느새 목적지에 닿아 있는 자신을 발견할 수 있다.

자기를 속이지 말고 사람의 도리를 다해야 한다

懼法 朝朝樂 欺公 日日憂
구법 조조락 기공 일일우

법을 두려워하면 아침마다 기쁘고, 공공의 도리를 속이면 날마다 근심한다.

'법을 두려워한다'는 것은 법을 잘 지킨다는 것이다. 여기서 '법'은 '일반적으로 사람들이 옳다고 여기는 윤리 규범'으로 넓게 해석하는 것이 더 적절하다. 양심에 따라 사람 된 도리를 다하면 매일 아침이 기쁘다. 마음에 거리낌 없이 당당하기 때문이다.

하지만 공공의 질서와 도리를 기만하면 마음이 편치 않다. 다른 사람이 나의 잘못을 알고 벌을 주지 않더라도 스스로 괴롭기 때문이다. 남을 속이는 것은 곧 자신을 속이는 것이다. 다른 사람은 일시적으로 속일 수 있을지 모르지만, 자신은 절대 속이지 못한다. 속이려는 그 순간 알 수밖에 없기 때문이다.

근심 없이 편안한 마음으로 지내려면 자기를 속이지 말고 사람의 도리를 다해야 한다.

생각의 일어남을 막고 입조심 하라

守口如甁 防意如城
수 구 여 병 방 의 여 성

입 지키기를 병마개처럼 하고,

생각 막기를 성 지키듯 하라.

주자의 말이다.

생각은 푸른 하늘에 구름이 생겨나듯이, 꼬리에 꼬리를 물고 일어난다. 평범하게 하루를 지내는 성인은 하루 6천 번 이상, 1분에 6.5번 정도 새로운 생각을 한다는 연구결과가 있을 정도로, 사람의 머릿속에서는 새로운 생각이 끊임없이 일어났다 사라진다. 이렇게 많은 생각이 모두 좋을 수만은 없다. 생각이 제멋대로 흘러가지 않도록 하려면 어떤 생각이 일어날 때 그 사실을 객관적으로 바라볼 수 있어야 한다.

입은 생각이 흘러나가는 통로다. 병마개를 제대로 막지 않으면 병 속의 내용물이 흘러나오듯, 입을 잘 지키지 않으면 머릿속의 생각이 여과 없이 흘러나올 수 있으니 조심해야 한다.

남을 저버리면 부끄럽다

心不負人 面無慙色
심 불 부 인 　면 무 참 색

마음에서 남을 저버리지 않으면
얼굴에 부끄러운 기색이 없다.

'저버린다(負)'는 것은 이익을 위해 상대를 이용하거나, 속이는 것과 같은 행동을 말한다. 다른 사람을 내 몸이나 형제와 같이 아끼고 사랑한다면 저버릴 일이 없다. 상대와 함께 잘 되려는 것이 아니라, 나만 잘 되려는 이기심으로 움직일 때 내면 깊은 곳에서부터 부끄러움을 느끼기 시작한다.

다른 사람을 내 마음속에서 저버린다는 것은 '의(義)'를 따르는 것이 아니라, 사사로운 '이(利)'를 따르는 것이다. 이익을 얻을지 몰라도 양심의 목소리 때문에 부끄러운 것은 어쩔 수 없다.

계획보다 현재에 충실하라

人無百歲人 枉作千年計
인 무 백 세 인 왕 작 천 년 계

백 년을 사는 사람은 없건만,
부질없이 천 년의 계획을 세운다.

인간의 삶은 유한하다. 의학의 발달로 간혹 120세 가까이 사는 사람도 있지만, 대부분은 100세 전후로 유명을 달리한다. 육체의 수명에 한계가 있다고 해서 정신까지 한계에 갇힐 것은 아니다. 정신은 언제나 자유롭고 활달하게, 시공을 초월해 살아 있어야 한다.

부질없는 계획만 세우는 것은 시간 낭비다. 삶은 계획대로만 흘러가지 않는다. 대략의 큰 방향을 정하고, 나답게 살아가면서 삶의 흐름에 몸을 맡겨야 한다. 인간적인 수준의 계획은 뒤틀리기 마련이고, 쉽게 무너진다. 계획을 세우기보다 현재에 집중하고 충실하게 살아가는 것이 낫다.

후회할 일을 하지 마라

官行私曲 失時悔 富不儉用 貧時悔
관행사곡 실시회 부불검용 빈시회
藝不少學 過時悔 見事不學 用時悔
예불소학 과시회 견사불학 용시회
醉後狂言 醒時悔 安不將息 病時悔
취후광언 성시회 안부장식 병시회

벼슬에 있을 때 사사로운 부정을 저지르면 자리를 잃었을 때 후회하고,
부유할 때 검소하지 않으면 가난해졌을 때 후회한다.
젊은 시절, 재주를 배우지 않으면 때가 지나고 나서 후회하고,
일을 보고도 배우지 않으면 필요할 때 후회한다.
술 취하고 함부로 말하면 깨어났을 때 후회하고,
편안할 때 쉬지 않으면 병들고 후회한다.

송나라의 시인 구래공의 말이다. 젊은 시절 기운이 넘칠 때 배움에 뜻을 두고 성장을 위해 노력해야 한다. 준비되어 있지 않으면 기회를 놓친다. 일을 보고도 제대로 배우지 않고, 술에 취해 함부로 말하고, 건강할 때 몸을 혹사하는 것과 같은 행동은 모두 멀리 내다보지 않고 방심하기 때문이다. 일이 잘 풀리고 상황이 좋을 때 방심하지 않아야 나중에 후회할 일이 없다.

마음과 몸이 편안한 것이 우선이다

寧無事而家貧 莫有事而家富
영 무 사 이 가 빈 막 유 사 이 가 부
寧無事而住茅屋 不有事而住金屋
영 무 사 이 주 모 옥 불 유 사 이 주 금 옥
寧無病而食麤飯 不有病而服良藥
영 무 병 이 식 추 반 불 유 병 이 복 양 약

근심 없이 가난하게 살지언정, 근심하면서 부유하지 말 것이다.
근심 없이 초가에서 살지언정, 근심하면서 좋은 집에서 살지 말 것이다.
병 없이 거친 밥을 먹을지언정, 좋은 약을 먹으면서 아프지 말 것이다.

《익지서》의 말이다. 부유하게 살더라도 마음에 근심이 가득하고, 불안하다면 행복을 느낄 수 없다. 조금 부족하게 살더라도 마음이 편한 것이 제일이다.

주식 걱정, 돈 걱정, 가정불화 등 온갖 근심을 끌어안고 외제차를 몰고 다니는 것보다 소 한 마리 끌고 느릿느릿 걸어가며 가족들과 웃는 게 더 행복하다.

약을 먹는다는 것은 이미 몸이 아픈 것이다. 좋은 약을 먹는 것보다 보잘것없는 음식을 먹더라도 병 없이 지내는 것이 더 낫다.

마음이 편안하면 모든 것이 행복이다

心安 茅屋穩 性定 菜羹香
심안 모옥온 성정 채갱향

마음이 편안하면 초가집이라도 평온하고,

성품이 안정되면 나물국도 향기롭다.

마음이 편안하지 않은 이유는 이미 지나간 과거의 문제에 대해 후회하고 있거나, 일어나지도 않은 앞으로의 일에 대한 걱정이 뒤엉켜 우리의 현재를 점령하기 때문이다. 그리고 나답게 살지 않고 남과 비교하는 습관 때문에 더욱 비참해지고 무력해진다. 심지어 지금의 행복과 즐거움을 뒤로 미루고, 발버둥 치며 살아가는 법을 학습하기도 한다.

이렇게 마음을 편안히 하지 못하는 습성이 행복의 장애물이다. 마음이 편안하면 현재 가진 것에 집중하고 만족한다. 초가집이라도 평온하고, 별다른 향신료를 넣지 않은 나물국마저 향기롭다.

남 탓을 하지 마라

責人者 不全交 自恕者 不改過
책 인 자 부 전 교 자 서 자 불 개 과

남을 책망하는 사람은 사귐을 온전하게 할 수 없고,
자기를 용서하는 사람은 허물을 고치지 못한다.

《경행록》의 말이다.

'너 때문에'를 입에 달고 사는 사람이 있다면 가까이 지내기 힘들다. 크고 작은 모든 일에 대해 불평하고, 남을 탓하는 태도는 자기 인생을 책임지며 살아가는 사람의 모습이 아니다. 원치 않았던 어떤 일이 일어났다면 남을 탓할 것이 아니라 내 생각에서 잘못된 것은 없었는지 살펴보아야 한다.

자신을 너무 쉽게 용서하는 것은 비겁하다. 나에 대해서는 누구보다도 내가 제일 잘 안다. 게으름, 나태함, 무지 등 극복해야 할 허물이 있음에도, 눈감거나 대충 넘어가려고 하면 발전이 없다. 내 인생은 100% 나의 책임이다.

남이 알아주지 못할까 근심하지 말라

夙興夜寐所思忠孝者 人不知 天必知之
숙 흥 야 매 소 사 충 효 자 인 부 지 천 필 지 지
飽食煖衣怡然自衛者 身雖安其如子孫何
포 식 난 의 이 연 자 위 자 신 수 안 기 여 자 손 하

이른 아침에 일어나 밤에 잠들 때까지 충효를 생각하는 자는,
다른 사람이 알아주지 않더라도 하늘은 반드시 그를 알아준다.
배불리 먹고 따뜻하게 옷을 입고서 편안하게 제 몸 하나 지키는 자는,
몸은 비록 편안하나 그 자손들이 어찌 되겠는가?

'하늘이 반드시 알아준다'는 것은 결국 자기가 알아주는 것이다. 올바른 것을 생각하고 행동하면서 다른 사람이 알아주기를 바라는 것은 유치하다. 내가 알면 그만이다. 남에게 인정받기 위해서 옳은 일을 하는 것이 아니기 때문이다.

도덕적이고 양심적인 것을 실천하면서 살아가기 위해 때로는 편안함과 이익을 포기해야 할 때도 있다. 일신의 편안함과 이익만을 좇는다면 제 한 몸 편히 세상을 살아갈 수 있을지는 몰라도, 정신적으로 올바른 가치를 자식들에게 전해주지 못한다. 자손들에게는 많은 재산을 물려주는 것보다 도덕적인 본보기가 되는 것이 현명하다.

처자식을 사랑하듯 부모를 섬겨라

以愛妻子之心 事親 則曲盡其孝
이 애 처 자 지 심 사 친 즉 곡 진 기 효
以保富貴之心 奉君 則無往不忠
이 보 부 귀 지 심 봉 군 즉 무 왕 불 충
以責人之心 責己 則寡過 以恕己之心 恕人 則全交
이 책 인 지 심 책 기 즉 과 과 이 서 기 지 심 서 인 즉 전 교

처자식을 사랑하는 마음으로 부모를 섬기면 그 효도를 극진히 할 수 있고,
부귀를 보전하려는 마음으로 임금을 받들면 충성스럽지 않음이 없다.
남을 꾸짖는 마음으로 자신을 꾸짖으면 허물을 적게 할 것이고,
자기를 용서하는 마음으로 남을 용서한다면 사귐을 온전히 할 수 있다.

사람의 마음은 자기가 더 소중하고 가치 있다고 생각하는 것을 향한다. 사람들은 보통 부모보다 자식을 더 사랑하고, 대의보다는 자기 부귀를 보전하는 데 힘쓰며, 다른 사람보다 자신에게 관대하다. 성현의 마음이 아니라 필부의 마음인 것이다.

자식을 사랑하는 마음으로 부모를 섬기고, 물질을 지키려는 마음으로 대의에 충성하고, 남을 꾸짖는 마음으로 자기를 꾸짖고, 자기를 용서하는 마음으로 남을 용서하면, 성현의 마음에 한 걸음 더 다가갈 수 있을 것이다.

사사로운 생각 때문에 일을 망친다

爾謀不臧 悔之何及 爾見不長 敎之何益
이 모 부 장 회 지 하 급 이 견 부 장 교 지 하 익

利心專則背道 私意確則滅公
이 심 전 즉 배 도 사 의 확 즉 멸 공

도모한 것이 옳지 않으면 후회한들 무슨 소용이겠는가?
견해가 바르지 못하면 가르친들 무슨 이익이 있겠는가?
이익을 생각하는 마음으로 가득하면 도리를 어기게 되고,
사사로운 생각이 확고하면 공정함을 해친다.

사사로운 욕심이 앞서 올바르지 않은 일을 시작했다면 바로 그만두는 것이 낫다. 그동안 해온 것을 아까워할 필요도 없고, 후회할 것도 아니다. 후회한다고 해도 이미 벌어진 일이니 소용없다. 빨리 수습하는 데 집중해야 한다.

마음속에 품은 뜻이 올바르지 않은 사람을 가르치면 아무런 이익이 없고, 오히려 해가 된다. 전국시대 손빈과 방연은 같은 스승 아래에서 동문수학했지만, 방연이 손빈을 모함해 두 무릎을 못 쓰게 만들었다. 같은 가르침을 받더라도 그 마음이 음험하면 다른 사람에게 해를 끼친다.

일이 많다면 줄여라

生事 事生 省事 事省
생사 사생 생사 사생

일을 만들면 일이 생기고,
일을 줄이면 일이 줄어든다.

'바빠서 시간이 없다'는 말을 입에 달고 사는 사람들이 있다. 시간이 없다는 이유로 정말 중요한 것들, 가족과 함께 시간을 보내는 일이나 운동, 독서 등을 소홀히 한다. 그러다 가족과 멀어지거나 건강을 잃게 되는 사건을 계기로 생각을 바꾸지만, 그때는 이미 늦어 후회만 남는다.

일은 자기 의지에 따라 더 만들거나 줄일 수 있다. 수입이 줄어들면 조금 불편하게 지내면 되고, 높은 지위에 오르는 것이 몇 년 늦어지면 조금 더 기다리면 그만이다. 소중한 사람들과의 시간, 건강 등 진짜 중요한 것, 지켜야 할 것을 미루면서까지 '꼭 해야만 하는' 일 따위는 없다.

올바른 성품을 닦으려면

계성편 戒性篇

'계성(戒性)'은 '성품을 경계한다'라는 말이다.
인간의 성품에는 착한 본성이 있지만, 악함도 함께 하고 있다.
인내와 절제가 없으면
성품이 잘못된 방향으로 흐를 수 있다.
따라서 인내하고, 절제하여 본연의 성품을 잘 지켜갈 것을 강조한다.

성품을 잘 다스려야 한다

人性如水 水一傾則不可復 性一縱則不可反
인성여수 수일경즉불가복 성일종즉불가반

制水者 必以堤防 制性者 必以禮法
제수자 필이제방 제성자 필이예법

사람의 성품은 물과 같다.

물이 한번 기울어져 쏟아지면 되돌릴 수 없고,

성품이 한번 제멋대로 흐트러지면 돌이킬 수 없다.

물을 다스리는 자는 반드시 제방을 쌓아야 하고,

성품을 바로잡으려는 자는 반드시 예법으로 해야 한다.

사람의 성품은 어떻게 제어하느냐에 따라 그 방향이 달라질 수 있다. 쏟아진 물을 다시 그릇에 담을 수 없고, 물길을 따라 흘러가버린 물을 다시 되돌릴 수 없듯이, 성품이 한번 엇나가버리면 바로잡기 힘들다. 어릴 때 가정에서 인성교육이 중요한 이유이다.

성품을 바로잡을 때는 너무 부드럽게만 해서도 안 되고, 강압적인 방식으로 억누르기만 해서도 안 된다. 적절한 예법을 바탕으로 해야 한다. '예(禮)'라는 형식이 물을 다스리는 제방과 같은 역할을 할 수 있다.

일시적인 분노를 참을 수 있어야 한다

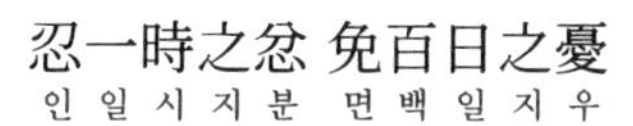

인 일 시 지 분 면 백 일 지 우

한때의 분노를 참아내면 백일의 근심을 면할 수 있다.

분노는 자신을 이기지 못한 나약함의 표시다. 분노를 이기지 못하고 가시 박힌 말을 쏟아내면 그 말을 한 자신은 수십 초 안에 잊어버리지만, 그 말을 들은 상대방의 가슴속에는 아픈 말이 수십 년 동안 화살처럼 꽂혀 있을 것이다.

크게 화를 내면 그 상황에서는 주변 사람들이 섣불리 화낸 사람을 어떻게 하지 못한다. 두렵거나 어색해서 자리를 피하고, 그의 말을 들어주는 척한다. 하지만 관계에는 균열이 생긴다. 폭력까지 동원해서 화를 풀어버린다면 두고두고 후회할 것이다.

일시적인 분노를 참을 수 있어야 어른이다.

시비를 따지지 말라

愚濁生嗔怒 皆因理不通 休添心上火 只作耳邊風
우탁생진노 개인리불통 휴첨심상화 지작이변풍
長短家家有 炎凉處處同 是非無實相 究竟摠成空
장단가가유 염량처처동 시비무실상 구경총성공

어리석고 우둔한 자가 성내는 것은 모두 이치에 통하지 못했기 때문이다.
마음 위에 불길을 더하기를 그치고 다만 귓가의 바람으로 여겨라.
장단점은 집마다 있고, 따뜻하고 서늘하기는 곳곳마다 마찬가지다.
옳고 그름은 실상이 없어서 결국에는 모두 텅 빈 것이 되는 것이다.

옳고 그름을 따지는 마음에서 분별심이 생긴다. 이것은 맞고, 저것은 틀리니 맞는 것은 내 편이고, 틀린 것은 남의 편이다. 원래 하나인 생명인데 너와 나의 구별이 생긴다.

인간의 주관적인 판단을 뛰어넘어 자연을 바라보라. 자연은 판단하지 않는다. 자연에는 옳고 그름의 차별이 없다. 불쌍하고 힘없는 새끼 얼룩말을 잡아먹는 사자는 본성 그대로 행동할 뿐이지, 나쁜 것이 아니다. 새끼 얼룩말이 초원의 풀을 뜯는다고 나쁘다고 하지 않는 것과 마찬가지다. 어리석을수록 자신의 편협한 잣대로 함부로 판단하고 시비를 따진다.

모든 행실의 근본은 참는 것

百行之本 忍之爲上 天子忍之 國無害
백행지본 인지위상 천자인지 국무해

諸侯忍之 成其大 官吏忍之 進其位
제후인지 성기대 관리인지 진기위

兄弟忍之 家富貴 夫妻忍之 終其世
형제인지 가부귀 부처인지 종기세

朋友忍之 名不廢 自身忍之 無禍害
붕우인지 명불폐 자신인지 무화해

모든 행실의 근본은 참는 것이 으뜸이다. 천자가 참으면 나라에 해가 없고, 제후가 참으면 나라가 커질 것이며, 관리가 참으면 지위가 올라가고, 형제 간에 참으면 집이 부귀해질 것이며, 부부가 참으면 평생을 함께 할 수 있고, 친구끼리 참으면 명예가 떨어지지 않으며, 스스로 참으면 재앙이 없을 것이다.

공자의 말이다. 사람 사이에서 참지 못하면 다른 이의 마음을 얻지 못한다. 마음을 잃으면 그 사람을 잃는 것이다. 리더가 참지 못하면 그 조직에 해가 있다. 관리가 참지 못하고 비리를 저지르면, 자리를 보전하지 못한다. 형제 사이에 참지 못하면 떨어져 사는 수밖에 없고, 부부 사이에 참지 못하면 평생 함께 하지 못하니 자식들이 외롭다. 친구 사이에 참지 못하면 서로 헐뜯어 명예롭지 못하다. 스스로 참지 못하면 근심이 계속되고, 다른 사람과의 관계도 엉망이 된다.

참을 줄 알아야 사람이다

難忍難忍 非人不忍 不忍非人
난 인 난 인　비 인 불 인　불 인 비 인

참는 것은 어렵고도 어려우니,
사람이 아니라면 참지 못할 것이요,
참지 못하면 사람이 아니다.

자장의 말이다.

참는 것은 어렵다. 사람은 시시때때로 변하는 감정에 휘말리기 쉽기 때문이다. 감정이 일어나는 것 자체는 통제 가능한 영역이 아니다. 하지만 일어나는 감정에 휘말리지 않고, 한 발짝 떨어져서 자신을 객관적으로 바라보는 것은 가능하다. 그렇게 할 때 참을 수 있다.

그렇지만 이것이 말처럼 쉬운 것이 아니다. 우리는 보통 감정과 자신을 분리하지 못하기 때문에 연습이 필요하다. 억지로 화를 꾹꾹 누르기만 해서는 계속 참아내기 힘들다. 병난다. 건강하게 참아내려면 자신과 감정을 분리해서 바라보는 연습이 필요하다. 이것은 사람만이 할 수 있는 일이다. '사람 인(人)' 자는 '참을 인(忍)' 자다. 참을 줄 알아야 사람이다.

굽힐 줄 알아야 적이 없다

屈己者 能處重 好勝者 必遇敵
굴 기 자 능 처 중 호 승 자 필 우 적

자기를 굽히는 자는 중요한 자리에 오를 수 있지만,

이기기를 좋아하는 자는 반드시 적을 만난다.

《경행록》의 말이다.

우리가 절대 굽히지 말아야 할 상대는 자기 자신뿐이다. 노력하다 지치거나, 곤란한 상황이 되면 우리는 자신에게 굴복하곤 한다. 하지만 나에게는 절대 굽혀서는 안 된다. 자신만큼은 반드시 이겨야 한다.

다른 사람과의 관계에서는 이기려고만 들면 반드시 적을 만난다. 그것도 남을 이기려고만 하는 딱 그런 사람을 만나 곤란을 겪는다. 사람 사이에서는 지는 게 이기는 것인 경우도 많고, 작전상 후퇴가 필요한 경우도 비일비재하다. 때와 상황에 맞게 자신을 굽힐 줄도 아는 사람이 많은 사람을 포용할 수 있다.

하늘을 향해 침을 뱉으면 자기에게 떨어진다

惡人罵善人 善人摠不對 不對心淸閑 罵者口熱沸
악인매선인 선인총부대 부대심청한 매자구열비

正如人唾天 還從己身墜
정여인타천 환종기신추

악한 사람이 선한 사람을 욕하면 선한 사람은 대응하지 말라.

대응하지 않으면 마음이 맑고 한가로울 것이요,

욕하는 자의 입만 뜨겁게 끓어오를 뿐이다.

마치 사람이 하늘에 침을 뱉으면 도리어 자기 몸에 떨어지는 것과 같다.

누가 옆에서 아무리 내 욕을 해도 내가 그 행동에 반응을 보이지 않으면 욕하는 그 사람만 피곤하다. 일일이 따지고 대꾸해봤자, 나를 욕하는 사람의 마음을 돌리기는 어렵다. 상대는 이미 나에 대해 편견을 갖고 있거나, 자기 나름대로 판단한 상태에서 나에게 분풀이를 하고 있기 때문이다. 말로 설득할 단계가 지난 사람과 입씨름을 하는 것은 시간 낭비다.

내가 받지 않은 욕은 그 사람에게 다시 돌아간다. 마치 하늘을 향해 뱉은 침이 자기에게 떨어지는 것과 같다.

나를 욕하면 귀먹은 체하라

我若被人罵 佯聾不分說
아 약 피 인 매 양 롱 불 분 설
譬如火燒空 不救自然滅
비 여 화 소 공 불 구 자 연 멸
我心等虛空 摠爾飜脣舌
아 심 등 허 공 총 이 번 순 설

만약 다른 사람에게 욕을 듣더라도 귀먹은 체하여 시비를 가리지 말라.
비유하자면 불이 허공에서 타다가 자연히 꺼지는 것과 같다.
내 마음은 허공과 같으니 상대는 입술과 혀만 나불거릴 뿐이다.

나이 지긋하게 먹은 노인은 5살 아이와 진심으로 싸우지 않는다. 수준이 다르기 때문이다. 노인은 5살 아이가 투정을 부리면 받아주고, 잘못하는 것이 있어도 웃음으로 넘기고 잘 타이른다. 싸우는 것은 비슷한 수준에서 잘잘못을 따질 때 하는 것이다.

누군가 내 욕을 하면 그 사람을 5살 어린아이라고 생각해보자. 자기 생각에 빠져서 헤어 나오지 못하고, 입술과 혀만 나불거리고 있는 것이 불쌍하지 않은가? 무슨 말을 하더라도 마치 듣지 못한 것처럼 가만히 놔두면 허공에서 자연히 꺼지는 불처럼 저절로 기운을 다하고 그만둘 것이다.

인정을 남겨두어라

凡事留人情 後來好相見
범 사 유 인 정 후 래 호 상 견

매사에 인정을 남겨두면
뒷날 서로 좋은 얼굴로 볼 수 있다.

사람과의 관계를 중요하게 여기고, 다른 사람을 언제나 다정다감하게 대하면 그것이 큰 자산이 된다. 인정 없이 관계를 단절하거나 사무적으로 다른 사람을 대하는 사람보다는 인간적인 사람에게 떡 하나라도 더 주고 싶은 것이 사람의 마음이다.

특히 졸업, 이직, 이별 등 관계에 변화가 올 때 그간 알고 지내던 사람들과 인간적인 관계를 잘 유지해야 한다. 사람 사이에 인연은 어떻게 또 이어질지 모른다. 우리가 진정한 행복을 느낄 때는 다른 사람에게 따뜻함과 애정을 나눠줄 때다.

我心等虛空 摠爾飜脣舌
아 심 등 허 공 총 이 번 순 설

내 마음은 허공과 같으니

상대는 입술과 혀만 나불거릴 뿐이다.

배움을 통해 성숙해지려면

근학편 勤學篇

'근학(勤學)'는 '배움에 힘쓴다'는 말이다.
배움은 동양에서 매우 중요하게 여기는 가치다.
부지런히 배움에 힘써야 시야를 넓힐 수 있고,
인간의 도리를 알 수 있다.
배움에 힘쓰는 사람은 세상이 혼란스럽더라도
자기와 남을 모두 이롭게 할 수 있다.

절실히 물어라

博學而篤志 切問而近思 仁在其中矣
박 학 이 독 지 절 문 이 근 사 인 재 기 중 의

널리 배워서 뜻을 두텁게 하고, 절실히 물어서 생각을 가까이하면 인(仁)이 그 가운데 있다.

자하의 말이다.

무엇인가를 배울 때 제대로 배우고 있는지는 배움에 임하고 있는 사람의 질문을 들어보면 알 수 있다. 문제의식을 갖고 제대로 질문하는 사람이 성장할 가능성이 크다. 등 떠밀려 공부하거나, 남들이 좋다고 해서 별다른 문제의식 없이 배우려는 사람은 자신을 변화시키지 못한다.

배움에 절실하지 않으면 질문도 절실하지 않다. 변죽만 울리고 핵심을 찌르지 못한다. 뜻이 두텁고 절실해야 진짜 궁금한 것이 생긴다. 질문이 없다는 것은 생각이 없다는 것이고, 생각이 없다는 것은 절실하지 않다는 것이다.

무언가를 배울 때는 간절하게 자신을 변화시키겠다는 결심으로 임하고, 절실히 물어야 한다.

배우면 세상을 보는 시야가 넓어진다

人之不學 如登天而無術
인 지 불 학 여 등 천 이 무 술
學而智遠 如披祥雲而覩青天 登高山而望四海
학 이 지 원 여 피 상 운 이 도 청 천 등 고 산 이 망 사 해

사람이 배우지 않으면 하늘을 오르려 하면서 아무런 재주가 없는 것과 같고, 배워서 지혜가 깊어지면 상서로운 구름을 헤치고 푸른 하늘을 보는 것과 같고, 높은 산에 올라 세상을 내려다보는 것과 같다.

장자가 말한 '배움'은 단순히 지식을 구하는 배움이 아니다. 시야를 확장할 수 있는 지혜를 얻으라는 것이다. 세상을 살아가면서 배우려고 하지 않으면 아무런 재주나 기술도 없이 하늘을 올라가려는 것과 같다. 준비도 하지 않고 원대한 꿈만 꾸는 것이다.

제대로 배워서 지혜가 깊어지면, 높은 곳에서 세상을 내려다볼 수 있다. 1차원적으로 바라보는 것이 아니라, 사물과 세상의 맥락과 본질을 볼 수 있다. 외부의 지식만을 흡수하는 것이 아닌, 스스로 생각하고 자기만의 세상을 보는 '관점'을 정립하는 배움인 것이다.

다듬지 않으면 그릇이 되지 못한다

玉不琢 不成器 人不學 不知道
옥 불 탁 불 성 기 인 불 학 부 지 도

옥을 다듬지 않으면 그릇으로 완성되지 못하고,

사람이 배우지 않으면 사람 된 도리를 알지 못한다.

《예기》에 나오는 말이다.

다이아몬드 원석과 가공된 다이아몬드의 가치는 다르다. 섬세한 손길로 잘 다듬은 다이아몬드의 가치는 원석보다 훨씬 더 높다. 원석 자체도 중요하지만, 그것을 어떻게 세공하느냐에 따라 가치가 달라진다. 커다란 다이아몬드 원석은 자르는 데만 몇 년이 걸리기도 한다. 재료가 아무리 좋아도 훌륭한 요리사를 만나야 최고급 요리가 될 수 있다. 좋은 재료라도 실력 없는 요리사를 만나면 아무도 먹지 않는 이상한 음식이 되어버릴 수도 있다.

마찬가지로 훌륭한 자질을 가진 사람이라도 배우지 않으면 사람의 도리를 알지 못하고, 잠재력을 다 발휘하지 못한다. 쓸모없는 사람이 되고 만다. 타고난 재능이 조금 부족하더라도 잘 배운 사람이 사회에 훨씬 더 필요한 사람이 된다.

빛나는 삶을 위해 배워라

人生不學 如冥冥夜行
인 생 불 학 여 명 명 야 행

사람이 살면서 배우지 않으면
어두운 밤길을 가는 것과 같다.

혼자서 해결이 되지 않아 끙끙 앓던 문제가 우연히 손에 잡은 책 속 한 문장에서 풀리는 경우가 있다. '아, 그렇구나!' 하고 무릎을 친다.

지금 내가 고민하는 문제는 나보다 앞서 살았던 사람들이나 동시대에 함께 살아가고 있는 사람들이 한 번쯤은 생각해본 문제인 경우가 많다. 스스로 사색하고 고민하는 것도 좋지만, 배움을 통해 내 문제를 해결할 수 있는 실마리를 찾을 수 있다. 모든 사람의 경험과 깨달음은 배울 만한 가치가 있다. 비슷한 문제를 고민하는 누군가에게는 도움이 될 수 있기 때문이다. 작은 빛이라도 있어야 어두운 밤길을 걸어갈 수 있듯이, 선배들의 지식과 깨달음을 배우는 것이 나만의 길을 걸어가는 데 큰 도움이 된다.

배우지 않으면 짐승과 같다

人不通古今 馬牛而襟裾
인 불 통 고 금 마 우 이 금 거

사람이 고금의 이치에 통하지 못하면
말과 소에게 옷을 입혀놓은 것과 같다.

당송팔대가의 한 사람인 한유의 말이다.

시대가 변해도 사람의 문제는 변하지 않는다. '사람의 속성'에 대해서 깨달아야 잘 살아갈 수 있다. 역사를 배우고 그 안에서 이치를 통하면 세상 문제가 보인다. 역사는 비슷하게 반복되기 때문이다.

예를 들어, 모두에게 고통을 주는 절대적인 권력자가 있으면 그를 무너뜨리기 위해 수많은 세력이 연합한다. 마침내 기존의 권력을 무너뜨리고 나면, 단단했던 동맹은 무너지기 시작한다. 여러 세력이 다투면서 분열하는 것이다.

고금의 역사를 통해 이와 같은 이치를 깨달으면 지금 자신의 처지에서 어떻게 행동하는 것이 현명한 것인지 알 수 있다. 하지만 이런 인간의 속성에 대한 이해가 부족하면 판단을 제대로 하기 힘들다. 마치 짐승에게 옷을 입혀놓은 것처럼 아무짝에도 쓸모없다.

배움은 모든 성취의 근본이다

家若貧 不可因貧而廢學
가약빈 불가인빈이폐학
家若富 不可恃富而怠學
가약부 불가시부이태학
貧若勤學可以立身 富若勤學名乃光榮
빈약근학가이입신 부약근학명내광영

만일 집이 가난하더라도 가난 때문에 배움을 그치지 말고,
집이 부유하더라도 부유한 것만 믿고 배움을 게을리하지 말아야 한다.
가난하지만 배움에 힘쓴다면 입신할 수 있고,
부유하면서 배움에 힘쓴다면 이름이 빛날 것이다.

주문공의 말이다. 배우려면 돈이 필요하다. 특히 교육 자체가 하나의 산업이 되어버린 요즘 같은 시대에는 돈이 곧 배움이다. 하지만 가난을 이유로 배움을 그치는 것은 바람직하지 않다. 배우지 않고 그 시간에 돈을 벌면, 생계는 유지할 수 있지만 생각이나 세상을 보는 관점을 바꿀 기회가 없다. 부유해도 배우지 않아 세상물정을 모르고 지혜가 없으면, 많은 재산을 물려받더라도 그것을 지킬 수 없다.

배움은 모든 성취의 근본이다. 어떤 상황이라도 배움의 끈을 놓지 말고 노력하는 것이 중요하다.

배우지 않는 사람은 잡초와 같다

學者 如禾如稻 不學者 如蒿如草
학자 여화여도 불학자 여호여초

如禾如稻兮 國之精糧 世之大寶
여화여도혜 국지정량 세지대보

如蒿如草兮 耕者憎嫌 鋤者煩惱 他日面墻 悔之已老
여호여초혜 경자증혐 서자번뇌 타일면장 회지이로

배우는 자는 벼와 같고, 배우지 않는 자는 잡초와 같다.

벼와 같은 사람이여, 나라의 좋은 양식이 되고, 세상의 큰 보배가 된다.

잡초와 같은 사람이여, 밭 가는 사람이 싫어하고, 김매는 사람이 괴로워 한다.

훗날 담장을 마주하듯 후회해도 이미 늙어버렸도다.

휘종 황제의 말이다. '배운다'는 것은 자신을 계발하고 성장해 나가는 것이다. 사람이 제자리에 머물러 있으면 그 수준을 지키는 것이 아니라 오히려 퇴보한다. 인간과 우주의 본성 자체가 성장, 발전이기 때문이다.

배움에는 때가 있다. 제대로 배우지 않고 나이 들면 세상 이치를 알 수 없다. 갑갑해서 마치 눈앞에 담장이 있는 것 같아 후회해도 소용없다. 때를 놓치지 말고 기회가 있을 때 자신을 갈고닦아야 한다.

切問而近思 仁在其中矣
절 문 이 근 사 인 재 기 중 의

절실히 물어서 생각을 가까이하면

인(仁)이 그 가운데 있다.

갔진 가르침을 전해주려면

훈자편 訓子篇

'훈자(訓子)'는 '자식을 가르친다'라는 말이다.
예나 지금이나 자식 교육은 부모의 공통 관심사다.
타고난 자질이 뛰어나더라도 가르치지 않으면 쓸모없다.
물질적인 것을 물려주기보다
배움의 기회를 주는 것이 진정으로 자식을 위하는 길이다.
시기를 놓치지 말고 자식을 잘 가르칠 것을 강조한다.

자손을 가르치는 것이 귀하다

賓客不來 門戶俗 詩書無敎 子孫愚
빈 객 불 래 문 호 속 시 서 무 교 자 손 우

손님이 오지 않으면 집안이 속되어지고,

시경과 상서를 가르치지 않으면 자손이 어리석어진다.

《경행록》의 말이다.

손님이 오면 어른들은 품위 있게 손님맞이를 하기 위해 애쓴다. 아이들은 예의를 갖추려고 노력한다. 집에 손님이 온다는 것은 낯선 사람과의 신선한 만남이고, 자극이다. 새로운 만남에서 가족들은 자극받고 생기를 얻을 수 있다.

낯선 것과의 조우는 인간 정신의 발달에 좋은 자극이 된다. 배움은 마치 집에 찾아오는 손님과 같다. 새로운 지식을 알고 깨달을 때 사람의 두뇌가 깨어난다. 자손에게 새로운 자극을 주지 않고, 게으르게 지내는 것을 보고만 있다면 자손을 죽이는 일이다. 마음 편히 놀게 하고 살찌우는 것은 자손을 위하는 일이 아니다. 자손을 가르치는 것이 가장 귀한 일이다.

일은 해야 하고 자식은 가르쳐야 한다

事雖小 不作不成
사 수 소 부 작 불 성

子雖賢 不敎不明
자 수 현 불 교 불 명

일이 비록 작다고 하더라도 하지 않으면 이룰 수 없고,

자식이 비록 어질다고 하더라도 가르치지 않으면 현명해질 수 없다.

장자의 말이다.

'그건 언제든지 할 수 있는 일이야'라고 할 만한 작은 일이라도 실행하지 않으면 이루어지지 않는다. 일은 실제로 실행해야 성취할 수 있다.

부모들이 자기 자식을 두고 하는 가장 흔한 말 중 하나가 '우리 애가 머리는 좋은데…'라는 말이다. 머리가 아무리 좋아도 노력하지 않으면 발전이 없다. 자식의 타고난 자질이 훌륭하더라도 가르치지 않으면 지혜가 밝아질 수 없다. 재주만 믿고 자신의 역량을 갈고닦지 않는 사람은 항상 그 자리에서만 맴돈다. 자식은 가르쳐야 한다.

물고기를 주지 말고 잡는 법을 가르쳐라

黃金滿籯 不如敎子一經
황금만영 불여교자일경
賜子千金 不如敎子一藝
사자천금 불여교자일예

황금이 가득하더라도 자식에게 경서 한 권을 가르치는 것만 못하고,
자식에게 천금을 준다 해도 재주 하나를 가르치는 것만 같지 못하다.

두 사람에 대한 이야기를 살펴보자. 한 사람은 평생 열심히 일한 돈으로 임대용 건물을 지어서 아들에게 물려주었다. 아들은 일할 필요가 없으니 골프를 치러 다니고, 가족과 여기저기 여행을 다니며 즐겁게 지낸다. 하지만 주변에 경쟁적으로 임대건물들이 우후죽순으로 생기자 위기에 대응하지 못하고, 결국 건물을 헐값에 팔고 만다.

다른 한 사람은 재산을 사회에 환원하고, 대신 평생 돈을 벌어온 방법을 아들에게 전해주었다. 아들은 처음에는 자기 손으로 집을 장만하고 자리 잡는 데 시간이 걸리지만, 점점 자기만의 노하우로 재산을 불리고 어려운 사람들도 도우며 살아간다. 자식에게 많은 재산을 물려주는 것보다 지혜를 전해주는 것이 더 현명하다.

스승이 필요하다

內無賢父兄 外無嚴師友
내 무 현 부 형 외 무 엄 사 우
而能有成者鮮矣
이 능 유 성 자 선 의

안으로는 현명한 아버지나 형이 없고,
밖으로는 엄한 스승이나 친구가 없이
성취할 수 있는 사람은 드물다.

북송의 관리이자 교육자인 여희철의 말이다.

본보기로 따를 수 있는 사람이 주변에 있으면 빠르게 성장할 수 있다. 가족이 그런 본보기가 된다면 더할 나위 없이 좋다. 가족이 배움에 뜻을 두고, 긍정적인 자세로 지낸다면 사람은 원래 그렇게 해야 하는 것으로 알고 자연스럽게 따르게 된다. 반대로, 부모 형제가 무지하고 나태하면 자기도 모르게 게으른 습성에 물들어버린다.

밖으로는 자신을 채찍질해주고, 훈련시켜줄 수 있는 스승이 필요하다. 모든 것은 연습하고 훈련하면 가능하다. 그런데 그것을 혼자 하기는 쉽지 않다. 목표를 함께 바라보면서 코칭해줄 수 있는 스승이 필요한 이유다.

오락거리에 정신을 빼앗기지 마라

男年長大 莫習樂酒
남 년 장 대 막 습 악 주
女年長大 莫令遊走
여 년 장 대 막 령 유 주

남자가 나이 들면 풍악과 술을 배우지 않게 하고,

여자가 나이 들면 놀러 다니지 못하게 하라.

이 말은 남녀에 차이를 두고 무엇을 하지 못하게 하라는 것이 아니다. 누구든 오락거리에 정신을 빼앗기게 하지 말라는 말이다. 일시적인 만족과 작은 즐거움을 주는 오락거리나 잡기에 사로잡히면, 인간으로서 정작 해야 할 중요한 일을 잊게 된다.

사람은 누구나 의미 있는 삶을 살고자 하는 자연스러운 욕구가 있다. 내 삶의 '의미'는 책을 읽고 사색하고, 자기 내면과 대화하면서 깨달을 수 있는 자기만의 독특한 소명이다. 정신을 바깥에 빼앗겨 이리저리 휩쓸려 다니면 정말 중요한 것을 놓치기 쉽다.

때로는 엄하게 교육해야 한다

嚴父出孝子 嚴母出孝女
엄 부 출 효 자 엄 모 출 효 녀

엄한 아버지가 효자를 내고,
엄한 어머니가 효녀를 낸다.

자녀교육에서 가장 중요한 것은 자식을 진심으로 사랑하는 마음이다. 하지만 자식을 사랑한다고 해서 항상 부드럽게만 대하는 것은 바람직하지 않다. 자식이 엇나간다면 때로는 엄하게 교육할 필요가 있다. 다만, 훈육의 과정에서 부모가 자기감정을 이기지 못해 자식에게 상처를 주는 일이 없도록 주의해야 한다.

중요한 것은 자식을 향한 사랑이지, 교육의 방법론이 아니다. 자주 사랑한다 말하고 안아주되, 잘못하는 것에 대해서는 엄하게 가르치는 것이 부모의 역할이다. 특히 인성교육과 관련해서는 단호한 태도를 유지하는 것이 필요하다.

마음을 살피면서 살아가려면

성심편 省心篇

'성심(省心)'은 '마음을 살핀다'라는 말이다.
이 편에서는 마음과 처세에 관한 많은 주제를 다룬다.
욕심을 버리고 겸손하게 살아가는 마음과
더불어 살아가는 자세 등을 배울 수 있다.

정신적인 가치는 누려도 끝이 없다

寶貨用之有盡 忠孝享之無窮
보 화 용 지 유 진 충 효 향 지 무 궁

보물과 재물은 쓰면 다함이 있지만,
충성과 효도는 아무리 누려도 끝이 없다.

《경행록》의 말이다.

보물이나 재물과 같이 물질적인 부와 풍요는 쓰면 쓸수록 줄어들게 마련이다. 하지만 정신적인 가치는 아무리 누리더라도 줄어들지 않는다. 여기서는 충성과 효도라는 윤리 규범을 대표적으로 말했지만 의리, 예의, 염치, 겸손 등 아무리 누려도 끝이 없는 정신적인 가치를 여러 가지 생각해볼 수 있다.

물질적인 것을 아무리 많이 소유하고 있더라도 행복을 느끼기는 어렵다. 정신적으로 만족할 때 비로소 행복해질 수 있다. 물질적인 풍요만 추구하면, 의미 있는 삶과 거리가 멀어진다. 반드시 정신적인 가치를 높이는 것을 목표로 해야 한다.

집안이 화목한 것이 우선이다

家和貧也好 不義富如何
가 화 빈 야 호 불 의 부 여 하
但存一子孝 何用子孫多
단 존 일 자 효 하 용 자 손 다

집안이 화목하면 가난해도 좋지만,

의롭지 못하면 부유하더라도 무엇하겠는가?

자식 하나라도 효도하면 되었지,

자손이 많다고 해서 무슨 소용이 있겠는가?

가정은 마음의 고향이자 뿌리다. 뿌리가 튼튼한 나무는 바람이 불어도 뽑혀 나가지 않듯이, 마음의 뿌리가 단단한 사람은 자신을 잃지 않고 언제나 당당하다. 집안이 화목하면 어떤 일에나 자신감이 있다. 밖에서 큰일이 생겨도 흔들리다가 금방 다시 제자리를 잡을 수 있다. 하지만 가정이 화목하지 않으면 마음이 불안하고 위태롭다. 정신이 밖으로 나돌고, 안정을 찾지 못한다. 그러니 하는 일도 잘되지 않는다.

행복은 부유함이나 가족의 수에 달려 있지 않다. 집안이 화목한 것이 행복의 출발점이다.

술을 멀리하고 돈 문제는 명확하게 하라

父不憂心 因子孝 夫無煩惱 是妻賢
부 불 우 심 인 자 효 부 무 번 뇌 시 처 현
言多語失 皆因酒 義斷親疎 只爲錢
언 다 어 실 개 인 주 의 단 친 소 지 위 전

아버지가 걱정이 없는 것은 자식이 효도하기 때문이고,
남편에게 번뇌가 없는 것은 아내가 어질기 때문이다.
말이 많아 실수하는 것은 모두 술로 인함이요,
의리가 끊어지고 친분이 멀어지는 것은 오직 돈 때문이다.

자식이 효도하면 아버지는 걱정이 없다. 어진 아내를 둔 남편은 마음에 괴로움이 없다. 이 말은 거꾸로도 적용해서 해석할 수 있다. 즉, 아버지가 편안한 마음으로 자식에게 모범을 보이면 자식은 아버지를 잘 따르고 효도하고, 남편이 마음을 편하게 가지면 아내가 남편을 어질게 대할 수 있다.

음주와 돈 관리에는 각별히 신경 써야 한다. 술 마시고 잘못 뱉은 말은 상대와의 관계를 어색하게 만들거나 화살이 되어 나에게 돌아올 수 있다. 돈 문제가 흐리멍덩하고 명확하지 않으면 주변 사람들과 친분이 멀어지기 쉽다.

큰 즐거움 뒤에 근심을 대비하라

既取非常樂 須防不測憂
기 취 비 상 락 수 방 불 측 우

이미 정도를 벗어나는 즐거움을 얻었다면
모름지기 헤아릴 수 없는 근심을 대비해야 한다.

복권에 당첨되는 것과 같이 일상적이지 않은 큰 횡재가 있다면, 그 뒤에 있을지 모르는 근심을 대비해야 한다. 새옹지마(塞翁之馬)라는 말처럼, 모든 일에는 양면이 있다. 지금 당장은 좋은 일이라고 생각했던 것이 나쁜 일이 될 수 있고, 당장은 견딜 수 없는 시련으로 보이는 일이 좋은 일이 될 수도 있다.

운은 계속 움직인다. 불운이 찾아오더라도 그것을 잘 견뎌내면 행운이 되고, 행운이 오더라도 나태해지거나 교만해지면 이후 근심할 일이 생길 수 있다.

미리 반대의 상황을 생각하라

得寵思辱 居安慮危
득 총 사 욕 거 안 여 위

총애를 받으면 욕됨을 생각하고,

편안하게 지낼 때는 위태로움을 생각하라.

권력을 가진 사람의 눈에 들어 총애를 받는다고 해서 그것에만 만족하면 안 된다. 사람의 마음, 특히 힘을 가진 자의 마음은 작은 일에도 바뀔 수 있고, 권력을 가진 사람도 상황에 따라 변할 수 있기 때문이다. 누군가가 자신에게 주는 사랑과 믿음이 계속될 것이라 순진하게 생각하지 말고, 반대의 상황을 생각하고 대비하는 것이 현명하다.

모든 일이 잘 되어 편안하게 지낼 때는 반대로 일이 잘 풀리지 않는 위태로운 상황을 염두에 두어야 한다. 생각이 짧으면 '예상치 못한' 상황을 자주 맞닥뜨리고 허둥지둥할 수 있다.

모든 일은 동전의 양면과 같다

榮輕辱淺 利重害深
영 경 욕 천 이 중 해 심

영화로움이 가벼우면 욕됨도 얕고

이익이 무거우면 손해도 깊다.

산이 높으면 높을수록 산과 산 사이 골짜기는 깊다. 그네를 탈 때 한쪽으로 높이 올라갈수록 반대편 쪽으로도 높이 올라간다.

큰 영화를 누리면 추락할 때 그 욕됨도 크다. 높은 지위에 있던 사람이 추락할 때 더 충격이 크다. 동네 이장이 비리를 저질러 욕을 당하는 것과 대통령이 국정을 농단하고 비판받을 때 그 무게감이 다르다. 주식에 투자한 자금이 많을수록 많은 수익을 보거나 손해를 본다. 모든 일은 동전의 양면처럼 좋은 점과 나쁜 점이 공존한다.

극단으로 치우치지 말라

甚愛必甚費 甚譽必甚毁
심 애 필 심 비 심 예 필 심 훼

甚喜必甚憂 甚臟必甚亡
심 희 필 심 우 심 장 필 심 망

지나치게 아끼면 반드시 심한 낭비가 있고,

지나치게 칭찬하면 반드시 심한 비난이 있다.

지나치게 기뻐하면 반드시 심한 근심이 있고,

지나치게 쌓아두면 반드시 심하게 잃을 것이다.

평생 구두쇠로 살며 인색하던 사람이 한번 돈 쓰는 재미를 맛보면, 심하게 낭비할 수 있다. 누군가를 지나치게 치켜세우고 칭찬하는 사람은 상대의 단점을 발견했을 때는 오히려 거세게 비난하기 쉽다. 외부의 일에 감정의 동요가 심하면 기쁠 때 지나치게 기뻐하고, 슬플 때 지나치게 슬퍼한다. 재물을 쓰지 않고 쌓아두면 크게 잃을 일이 생길 수 있다.

한쪽으로 지나치게 치우치면 반대편 극단으로 가기 쉽다. 모든 면에서 적절한 균형을 잡는 것이 귀하다.

경험해보아야 알 수 있다

不觀高崖 何以知顚墜之患 不臨深泉 何以知沒溺之患
불관고애 하이지전추지환 불림심천 하이지몰익지환
不觀巨海 何以知風波之患
불관거해 하이지풍파지환

높은 낭떠러지를 보지 않고서 어찌 굴러떨어지는 근심을 알 것이고,
깊은 연못에 가지 않고서 어찌 빠져 죽는 근심을 알 수 있을 것이며,
큰 바다를 보지 않고서 어찌 세찬 바람과 험한 물결의 근심을 알 것인가?

공자의 말이다.

낭떠러지를 봐야 높은 곳에서 굴러떨어지는 것이 얼마나 무서운 일인지 실감할 수 있다. 깊은 연못에 가봐야 비로소 사람이 물에 빠져 죽을 수 있다는 것을 느낄 수 있다. 큰 바다를 보아야 거센 파도의 무서움을 알 수 있다. 우물 안 개구리가 보는 하늘은 우물 입구의 모양에 따라 달리 보인다. 우물 밖으로 나가지 않고서는 진짜 하늘의 모습을 가늠할 수 없다.

'백문불여일견(百聞不如一見, 백 번 듣는 것보다 한 번 보는 게 낫다)'이라는 말이 있듯이, 모든 것은 경험해보아야 제대로 알 수 있다.

다가오는 일을 알려면 과거를 살펴라

欲知未來 先察已然
욕 지 미 래 선 찰 이 연

미래를 알고 싶다면 먼저 이미 지나간 일을 살펴보라.

사람이 어떤 생각을 하는지에 따라 현실이 달라진다. 자신의 과거를 보면 내가 어떤 생각을 해왔는지 알 수 있다. 그런 생각을 그대로 갖고 살아간다면 미래도 과거와 크게 다르지 않을 것이다.

사람들이 모여 만들어온 역사도 마찬가지다. 사람들이 생각하는 방식, 본성은 크게 변하지 않는다. 사람들은 과거와 현재처럼 미래에도 비슷한 생각을 할 가능성이 크다. 과거의 역사를 통해 인간 본성에 대한 통찰을 얻으면 미래를 어느 정도 예측할 수 있다.

삶은 생각대로 펼쳐진다. 하지만 언제나 변화의 가능성은 있다. 과거를 살펴보고 생각의 변화가 필요하다면 과감히 의식을 바꾸어야 한다.

미래의 일은 알 수 없다

過去事如鏡朝 未來事暗似漆
과 거 사 여 경 조 미 래 사 암 사 칠

과거의 일은 아침 거울과 같고,

미래의 일은 어둡기가 칠흑 같다.

아침에 일어나 거울을 보면 자신의 모습을 명확하게 볼 수 있다. 지나간 일은 마치 아침 거울을 보듯 환하게 볼 수 있다. 하지만 미래의 일은 칠흑처럼 어둡다. 미지의 세계다. 지나간 일을 거울삼아 짐작해볼 수 있을 뿐이다.

하지만 이처럼 어두운 미래도 시간이 흐르면, 현재를 지나 과거가 되어 쉽게 들여다볼 수 있다. 보이지 않는 미래는 두려움이지만 꿰뚫어볼 수 있는 과거는 내 몸의 일부와 같이 익숙하다. 미래는 알 수 없지만 두려워할 필요는 없다. 삼가고 조심하면서 나아가되, 어떤 일이 닥치더라도 편안하게 받아들이면 거울처럼 들여다볼 수 있는 과거가 된다.

미래는 단정할 수 없다

明朝之事 薄暮不可必
명 조 지 사 박 모 불 가 필
薄暮之事 晡時不可必
박 모 지 사 포 시 불 가 필

내일 아침의 일을 저녁 무렵에 단정할 수 없고,

저녁 무렵의 일을 오후에 단정할 수 없다.

《경행록》의 말이다.

예언자가 아닌 이상 우리는 한 치 앞의 일도 예측할 수 없다. 갑자기 걸려온 전화를 받느라 정신이 팔려 자동차 사고가 날 수도 있고, 엊그제 별다른 기대 없이 산 복권이 1등으로 당첨될 수도 있다. 다른 사람 대신 가게 된 해외 출장 길 비행기 옆자리에서 평생의 반려자를 만날 수도 있고, 간호사의 실수로 주사를 잘못 맞아 두드러기로 고생할 수도 있다.

미래의 일을 안다면 세상은 살 만할까? 아마도 삶이 재미없고 지루할 것이다. 미래는 알 수 없는 것이라 더 기대된다. 미래를 알려 노력하기보다는 펼쳐지는 현실을 받아들이고 즐기는 태도가 중요하다.

육신과 물질은 백 년을 보전하기 힘들다

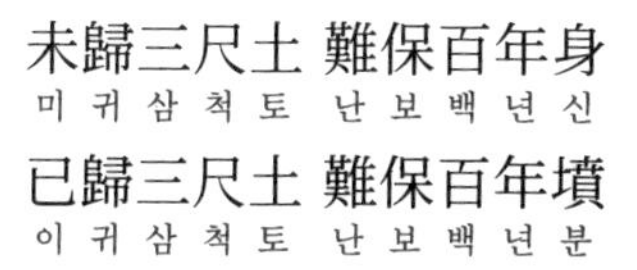

未歸三尺土 難保百年身
미 귀 삼 척 토 난 보 백 년 신
已歸三尺土 難保百年墳
이 귀 삼 척 토 난 보 백 년 분

석 자 두께의 흙 속으로 돌아가지 않고서는
백 년 동안 몸을 보전하기 어렵고,
이미 석 자 두께의 흙 속으로 돌아가면
백 년 동안 무덤을 보전하기 힘들다.

죽어서 땅에 묻히기 전에, 육신을 건강하게 100년 동안 보전하는 것은 쉽지 않다. 육체는 100년을 유지하기 힘들다. 죽어서 땅에 묻혔을 때 자손들이 무덤을 잘 보존하고, 그리워 해주는 것도 100년을 지속하기 힘들다. 100년 전의 조상을 기억할 자손이 어디 있겠는가? 무덤을 유지해주기만 해도 다행이다.

이렇게 육신과 물질은 100년을 보전하기도 힘들다. 삶은 유한하고, 기억도 끊어진다. 책을 쓰거나, 걸작품을 만들거나, 본보기가 될 만한 행동을 하는 등 정신적으로 가치 있는 것을 하는 데 힘을 쏟아야 하는 이유다.

인재를 잘 육성해야 한다

木有所養 則根本固 而枝葉茂 棟樑之材成
목 유 소 양 즉 근 본 고 이 지 엽 무 동 량 지 재 성
水有所養 則泉源壯 而流派長 灌漑之利博
수 유 소 양 즉 천 원 장 이 류 파 장 관 개 지 리 박
人有所養 則志氣大 而識見明 忠義之士出
인 유 소 양 즉 지 기 대 이 식 견 명 충 의 지 사 출
可不養哉
가 불 양 재

나무를 잘 기르면, 뿌리가 튼튼하고 가지와 이파리가 무성하여 기둥과 들보로 쓸 재목을 이룬다. 물을 잘 관리하면, 샘의 근원이 왕성하고 흐름이 길어서 관개의 이로움이 널리 베풀어진다. 사람을 잘 기르면, 뜻과 기상이 크고 식견이 밝아 충성스럽고 의로운 선비가 나오니, 어찌 기르지 않을 것인가?

《경행록》의 말이다. 제멋대로 자란 나무는 좋은 재목이 될 수 없다. 물 관리를 잘못하면 홍수로 피해를 주고, 가뭄에는 구할 수 없다. 사람을 잘 기르지 않으면 식견이 어둡고 시세에 따라 이리저리 흔들리는 소인배가 된다. 사람을 잘 길러내어 공동체를 위하고 이익보다 의리를 지키는 인재가 많아지면 사회가 발전한다.

공동체를 위해 충성을 다하고, 이익보다 의리를 지키는 인재가 많아지면 그 사회는 발전할 수 있다.

자신을 믿어라

自信者 人亦信之 吳越皆兄弟
자 신 자 인 역 신 지 오 월 개 형 제

自疑者 人亦疑之 身外皆敵國
자 의 자 인 역 의 지 신 외 개 적 국

자신을 믿는 사람은 다른 사람 또한 그를 믿으니,
오나라와 월나라 같은 원수라도 모두 형제가 될 수 있다.
자신을 믿지 못하는 사람은 다른 사람 또한 그를 믿지 못하니,
자기 외에는 모두 적이 된다.

성공하는 사람들은 모두 자기암시에 강하다. 누구도 하지 못하는 것을 '나는 할 수 있다'라고 굳게 믿는다. '○○야, 너는 ○○을 할 수 있어'라고 되뇌며 자신에게 끊임없이 성공의 암시를 준다. 세계적인 운동선수, 영화배우, 기업인 등 분야를 막론하고 탁월한 성취를 이룬 사람은 모두 자신을 믿는다.

자기 확신이 강한 사람 곁에는 그를 도와주는 사람들이 모인다. 자기 확신은 강한 오라를 만든다. 사람들은 확신이 강한 사람에게 끌리기 마련이다. 반대로 자신을 믿지 못하는 사람에게는 누구도 도움을 주지 않는다.

한번 믿었다면 의심하지 말라

疑人莫用 用人勿疑
의 인 막 용 용 인 물 의

의심스러운 사람은 쓰지 말고
쓰기로 한 사람에 대해서는 의심하지 말라.

《서경》에 '任賢勿貳(임현물이)'라는 말이 나온다. '어진 이에게 일을 맡겼으면 두 마음을 먹지 말라'는 뜻이다. 마키아벨리의 《군주론》에는 '군주의 과실은 이미 신하에게 일을 맡기고도 그 일을 맡지 않은 다른 자에게 감시시키는 데 있다'라는 구절이 나오는데, 한번 믿었다면 의심하지 말라는 말이다.

사람을 믿을지 말지는 신중하게 결정해야 하는 일이다. 사람을 한 번 잘못 믿으면 큰 손해를 입거나 정신적으로 고통을 겪을 수 있고, 심지어는 생명이 위험할 수도 있기 때문이다. 하지만 충분한 검증을 통해 일을 맡기기로 했다면 더 이상 의심하지 말고 신뢰를 주어야 한다. 윗사람에게 의심받는다는 사실을 알고서 최선을 다할 사람은 없다.

사람의 마음은 알 수 없다

畫虎畫皮難畫骨 知人知面不知心
화 호 화 피 난 화 골 지 인 지 면 부 지 심

호랑이를 그릴 때 가죽은 그릴 수 있어도 뼈는 그리기 어렵고,
사람은 얼굴은 알더라도 마음은 알 수 없다.

사람은 바로 옆에 있어도 그 마음을 헤아리기 어렵다. 스스로 솔직하게 말하지 않으면 죽을 때까지 다른 사람의 속마음을 알기 힘들다. 상대방의 말과 행동을 통해서 그 마음을 짐작할 수 있을 뿐이다. 몸이 바로 옆에 있더라도 마음이 다른 곳에 가 있을 수 있는 것이 사람이다.

상대의 마음을 알고 싶다고 꼬치꼬치 캐묻거나 그 마음을 빼앗으려고 하면 관계가 멀어진다. 마음을 억지로 가져오려고 하면 탈이 난다. 자연스럽게 상대의 마음을 얻을 방법을 찾아야 한다. 마음을 읽는 것은 힘들어도, 애정을 담아 관찰하면 그 마음을 얻을 방법을 찾아낼 수 있다.

다가올 운명을 헤아릴 수 없다

凡人不可逆相 海水不可斗量
범 인 불 가 역 상 해 수 불 가 두 량

무릇 사람은 관상을 보고 미리 운명을 헤아릴 수 없고
바닷물은 말(斗)로 헤아릴 수 없다.

태공의 말이다.

인간은 누구나 자기 운명에 대해 궁금증을 가진다. 그래서 사주도 보고, 관상도 보고, 별자리 운세도 본다. 하지만 미리 모든 운명을 헤아릴 수는 없다. 운명의 실타래에서는 한 가닥의 실만 뽑히지 않는다. 우리가 삶에서 겪는 현실은 촘촘하고 복잡한 거미줄처럼 얽힌 실뭉치와 같다. 운명은 단순한 한두 가지 정보로만 알 수 있는 것이 아니다.

다가올 운명을 알기 위해 여러 가지 방법으로 점치는 것은 바닷물을 헤아리기 위해 조그마한 바가지 하나를 드는 것과 같다.

원수를 맺지 마라

結怨於人 謂之種禍
결 원 어 인 위 지 종 화
捨善不爲 謂之自賊
사 선 불 위 위 지 자 적

남과 원수를 맺는 것은 재앙의 씨를 뿌리는 것이고,

선(善)을 버리고 하지 않는 것은 자기를 해치는 것이다.

남과 원수가 되면 두 가지 측면에서 자기에게 이익이 되지 않는다는《경행록》의 내용이다.

남을 원수로 여기는 것은 그 사람을 용서하지 않는 것이다. 용서하지 않으면 과거의 어떤 상황이나 거기서 비롯된 감정, 그 상황의 원인이 된 상대에게 집착하는 상태를 벗어나지 못한다. 마음이 자유롭지 못한 것이다.

그리고 원수는 원치 않는 상황에 마주칠 수 있다. 원한을 풀려고 들면 또 다른 원한이 생긴다. 누군가가 먼저 원한의 고리를 끊어내야 모두 행복해질 수 있다. '선(善)'은 여러 방법으로 정의할 수 있지만, '원한의 고리를 끊어내는 것'도 '선(善)'이라고 할 수 있다.

양쪽의 말을 모두 들어야 한다

若聽一面說 便見相離別
약 청 일 면 설　변 견 상 이 별

만약 한쪽의 말만 듣는다면

곧 서로 사이가 멀어지는 것을 볼 것이다.

모든 사람의 말과 행동에는 나름의 이유가 있다. 조금 억지스럽다는 것을 알면서도 자기 입장에서는 그렇게 할 수밖에 없는 '상황'과 '맥락'이 있다. 다툼이 생겼을 때 그런 '상황'과 '맥락'에 대해 충분히 말할 수 있어야 원망이 없다. 자기 입장을 설명하는 말조차 하지 못한다면 억울함을 느낄 수밖에 없다.

황희 정승이 두 사람이 싸울 때 '네 말도 맞고, 네 말도 맞다'고 한 이야기는 그의 우유부단함을 보여주는 일화가 아니라 각자의 '상황'과 '맥락'을 이해하려고 시도한 것이다.

적당한 긴장이 정신을 깨어나게 한다

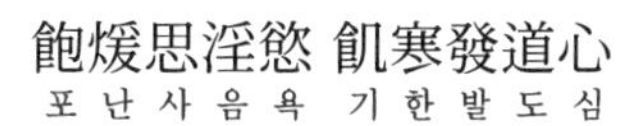

배부르고 따뜻하면 음란한 욕심이 생기고

굶주리고 추우면 올바른 생각이 일어난다.

몸이 지나치게 편해 긴장이 너무 풀어지면 정신이 나태해진다. 나태해진 정신은 중요한 가치나 어떤 목표를 추구하지 않는다. 그보다 오락거리를 찾는다. 젊은 시절 고생해서 성공한 사람들이 늘그막에 부끄러운 꼴을 당하는 것은 정신의 날이 무뎌져 즐길 거리만 찾기 때문이다.

굶주리고 추운 것을 좋아할 사람은 없다. 그 상황을 벗어나기 위해서 정신의 날을 세우고 자기의 모든 능력을 끌어올려 성공할 길을 찾는다. 결핍을 채우려는 욕구가 사람의 잠재력을 깨운다. 적당한 긴장은 정신을 깨어나게 한다.

많은 재물을 경계해야 한다

賢人多財 則損其志
현 인 다 재 즉 손 기 지
愚人多財 則益其過
우 인 다 재 즉 익 기 과

현명한 사람이 재물이 많으면 그 뜻이 상하고,
어리석은 사람이 재물이 많으면 그 허물을 더하게 된다.

재물이 어느 정도 있으면 마음이 편하고 풍요롭다. 하지만 재물이 필요 이상으로 많아지면 마음속에 교만함이 싹튼다. 돈이면 어지간한 일은 다 할 수 있다. 돈으로 가정부를 고용하면 더 이상 집안일에 신경 쓸 필요가 없고, 운전사를 쓰면 직접 차를 몰 필요도 없다. 돈을 보고 사람들이 알아서 모여들고, 영향력이 커진다.

현명한 사람이라도 이런 돈의 힘 앞에서 무너지기 쉽다. 크게 잘못을 하지 않는다고 하더라도 인간다운 삶을 위해 정진하려는 올바른 뜻이 무뎌진다. 어리석은 사람은 더 말할 것도 없다. 재물을 쓰며 즐기는 데 정신이 팔려 잘못을 저지르기 쉽다.

여유가 없으면 지혜가 짧아진다

人貧智短 福至心靈
인 빈 지 단 복 지 심 령

사람이 가난하면 지혜가 짧아지고,
복이 이르면 마음이 신령해진다.

물질적으로 걱정할 것 하나 없이 여유롭기만 하면 나태해지기 쉽다. 적당한 긴장감이 있어야 자기 능력을 발휘할 수 있다. 어느 정도 긴장은 필요한 것이다. 하지만 사람이 하루하루 먹고살기에 급급해, 전혀 여유가 없으면 지혜가 밝아질 틈이 없다. 여유가 있어야 생각할 수 있고, 생각에서 꼬리를 물고 생각이 나와 지혜로워질 수 있다. 복이 이르렀을 때 교만에 빠지지 않고 자신을 잘 지키면 마음이 밝아진다.

여유가 없으면 지혜가 짧아진다. 마음의 여백은 항상 필요하다.

경험에서 지혜가 생긴다

不經一事 不長一智
불 경 일 사 부 장 일 지

한 가지 일을 경험하지 않으면
한 가지 지혜를 펼칠 수 없다.

인간은 경험을 통해 배운다. 한 가지 일을 경험하면 그것에서 배우는 것이 있다. 그런데 중요한 것은 경험에서 지혜를 얻는 것이다. 경험 그 자체보다는 그것을 통해 어떤 깨달음을 얻고 어떻게 활용하느냐가 더 중요하다. 경험을 통해 현명해진다는 것은 그와 유사한 상황에 대처하는 능력을 개발하는 것이다.

하지만 모든 것을 다 직접 경험할 필요는 없다. 다른 사람의 경험도 내가 활용할 수 있다. 보통 사람들은 자기의 경험을 통해서만 알려고 하지만, 정말 지혜로운 사람은 남의 경험도 자기의 경험으로 여기고 자신의 성장에 활용한다.

사람들의 평판이 중요하다

平生不作皺眉事 世上應無切齒人
평 생 부 작 추 미 사 세 상 응 무 절 치 인
大名豈有鐫頑石 路上行人口勝碑
대 명 기 유 전 완 석 노 상 행 인 구 승 비

평생 눈썹 찡그릴 일을 만들지 않으면

세상에 분해서 이를 갈 사람이 없을 것이다.

큰 이름을 어찌 무딘 돌에 새기리오.

길 위에 지나가는 사람들의 평판이 비석보다 낫다.

다른 사람을 원수로 만들지 않고 좋은 평판을 유지하는 것이 좋다. 물론 그를 위해 신념을 굽힌다거나 옳지 않은 일에 동조해서는 안 되겠지만, 굳이 다른 사람과 불필요하게 다툴 필요는 없다. 명성을 얻어 자신의 이름을 돌에 새긴다면 기분은 좋을 것이다. 하지만 만약 사람들이 그런 명성에 동의하지 않는다면, 권력에 힘입어 한 것이라면 영원할 수 없다. 아무리 단단한 돌에 이름을 새겨 넣었다 하더라도 무너진다. 수많은 독재자의 동상이 쓰러지는 것을 보라. 비석에 이름을 새기는 것보다 사람들의 평판이 더 중요하다.

향기는 저절로 퍼져 나간다

有麝自然香 何必當風立
유 사 자 연 향 하 필 당 풍 립

사향을 갖고 있으면 자연스럽게 향이 나는데
어찌 꼭 바람을 향해 서겠는가?

강심제나 각성제로 쓰이는 사향은 향기가 매우 강하다. 가만히 있어도 자연스럽게 향이 퍼져 나간다. 굳이 바람을 향해 서서 그 향을 퍼뜨릴 필요가 없다. 인격이 고매하고 학문적으로 뛰어난 업적을 이뤘다면, 자기가 잘났다고 여기저기 말하고 다니지 않고 진중하게 자리를 지키고 있어도 자연히 세상이 알아줄 것이라는 말이다.

이는 예전에 공부하는 사람들에게 경계하라는 차원에서 할 수 있는 좋은 말이다. 하지만 오늘날은 좀 다르게 해석해야 한다. 물론 근본적으로는 맞는 말이지만, 요즘 세상에 자기에 대해 아무런 말도 하지 않고 가만히 있으면 그 누구도 알아주지 않는다. 거창하게 홍보를 하지 않더라도 자기를 드러내는 데 지나치게 소극적이면 아무 일도 일어나지 않는다.

복을 남겨두어라

有福莫享盡 福盡身貧窮 有勢莫使盡 勢盡寃相逢
유 복 막 향 진 복 진 신 빈 궁 유 세 막 사 진 세 진 원 상 봉
福兮常自惜 勢兮常自恭 人生驕與侈 有始多無終
복 혜 상 자 석 세 혜 상 자 공 인 생 교 여 치 유 시 다 무 종

복이 있을 때 다 누리지 말라. 복이 다하면 몸이 가난하고 궁해진다.
권세가 있을 때 다 써버리지 말라. 권세가 다하면 원수와 만나게 된다.
복이 있으면 항상 스스로 아끼고, 권세가 있으면 항상 스스로 공손하라.
사람이 살면서 교만과 사치에 시작은 많지만, 끝은 없는 법이다.

삶은 직선이 아니라 요동치는 곡선이다. 모든 일이 순조롭다가도 뜻하지 않은 시련에 밤잠 이루지 못하는 날이 찾아오곤 한다.

복이 있을 때, 근심과 걱정이 없을 때 복을 남겨두어야 한다. 권세가 있어 사람들이 모여들고 뜻한 대로 많은 일을 할 수 있을 때 미래를 대비해야 한다. 눈앞의 권세만 믿고 사람들과 척을 지면 나중에 권세를 잃었을 때 원수가 되어 만날 수 있다.

권세와 복을 다 쓰지 않고 남겨두는 방법은 겸손하고 검소하게 사는 것이다. 교만과 사치에 빠지면 복이 다하고, 권세를 잃었을 때 적을 만나고 곤궁해진다.

좋은 말 한마디가 천금보다 낫다

黃金千兩未爲貴 得人一語勝千金
황 금 천 냥 미 위 귀 득 인 일 어 승 천 금

황금 천 냥이 귀한 것이 아니고,

다른 사람에게 듣는 말 한마디가 천금보다 낫다.

물질은 쉽게 없어져 버릴 수 있지만, 지혜는 남는다. 돈은 쉽게 써서 없어질 수 있지만, 돈 버는 방법과 노하우는 없어지지 않는다. 2019년 세계적인 투자자 워런 버핏과의 점심 식사 기회를 대상으로 경매가 진행됐을 때 최종 낙찰가는 한화 54억 원이었다. 점심을 아무리 길게 먹어도 몇 시간에 불과할 텐데 그 짧은 시간을 비싼 돈을 들여서 산 이유는 무엇일까?

뛰어난 통찰력과 지혜는 억만금을 주고서도 얻기 힘들다. 한 분야에서 성공한 사람은 성공의 비밀을 알기 위해서 수십 년의 시간과 측정할 수 없는 노력을 쏟아부었다. 그것을 짧은 시간에 얻을 수 있다면 수십 억도 아깝지 않은 것이다. 인생을 바꾸는 좋은 말 한마디가 천금보다 나을 수 있다.

괴로움은 즐거움의 어머니다

巧者拙之奴 苦者樂之母
교 자 졸 지 노 고 자 낙 지 모

재주 있는 자는 서툰 사람의 종이고,

괴로움은 즐거움의 어머니다.

특정한 분야에서 재주가 뛰어난 사람은 전문가는 될 수 있어도 큰 조직을 이끄는 리더가 되기는 어렵다. 리더는 자기 기술이 뛰어난 것이 아니라, 재주 있는 사람들을 품을 수 있는 사람이다. 재주는 서툴지만 우수한 사람들의 마음을 얻고 그들과 함께 한다.

외부의 환경에 따라 즐거워하고 괴로워하는 사람은 하수다. 괴로움을 견뎌내면서 어떤 상황에서도 넉넉한 마음을 가질 수 있도록 단련된 사람이 진정한 즐거움을 아는 사람이다. 진짜 즐거움은 괴로움에서 비롯된다.

못나 보이는 사람이 재주 있는 자를 거느리고, 괴로움이 즐거움의 뿌리가 되는 이치를 생각한다면, 현상 이면에 있는 진짜 힘센 것이 무엇인지 알 수 있다.

적절하게 처신해야 한다

小船難堪重載 深逕不宜獨行
소 선 난 감 중 재 심 경 불 의 독 행

작은 배는 무겁게 싣는 것을 견디기 힘들고,
으슥한 좁은 길은 혼자 다니기에 마땅치 않다.

그릇의 크기를 생각하지 않고 넘치게 물을 부으면 물이 넘쳐버린다. 자기의 기국(器局, 재능과 도량)을 생각하지 않고, 지나치게 큰일을 감당하려고 하면 제정신을 차리기 어렵다. 마치 작은 배에 물건을 많이 싣고 가다가 배가 물에 잠겨버리는 것과 같이 일에 빠져버린다. 사물의 주인이 아니라 종이 되어버린다.

위험한 일은 피해야 한다. 여기서 말하는 '위험한 일'이라는 것은 그것을 감수했을 때 별다른 소득이 없는 일을 말한다. 때로는 합리적인 수준의 위험을 감당하는 자세도 필요하다. 하지만 아무런 배움도, 성장도 없는 그저 위험하기만 한 길은 가지 않는 것이 좋다.

돈만 좇지 말고 몸과 마음을 점검하라

황금미시귀 안락치전다

황금이 귀한 것이 아니고

편안하고 즐거운 것이 더 가치 있다.

일이 잘되어서 돈을 버는 재미에 빠지면 헤어 나오기 힘들다. 주변에서 재력을 인정해주니 자기의 능력이 뛰어난 것 같다는 생각이 든다. 계속 더 돈을 벌고 싶다. 하지만 이럴 때는 '일단정지'가 필요하다. 잠시 멈추고 자신의 상태를 점검해봐야 한다. 자동차가 겉으로 아무 문제 없이 잘 나가더라도 주기적으로 정비소를 찾아가야 하는 것처럼, 몸이나 마음이 어떤 상태인지 확인해봐야 한다.

몸이 아픈 줄도 모르고 무리하면 건강을 잃는다. 일에 지쳐 마음이 피폐해져 있는데 그것을 알아차리지 못하면 우울증이나 분노 조절 장애와 같은 형태로 나중에 더 큰 화가 되어 튀어나온다. 일이 잘될 때 몸과 마음이 정말로 편안하고 즐거운지 점검해봐야 한다.

대접받고 싶은 대로 대접하라

在家不會邀賓客 出外方知少主人
재 가 불 회 요 빈 객　출 외 방 지 소 주 인

집에서 손님을 맞이하여 대접할 줄 모르면
밖에 나갔을 때 비로소 자기를 맞아주는 주인이 적음을 알게 된다.

이 세상은 나를 비춰주는 거울이다. 다른 사람의 행동도 나를 비춰주는 거울과 같다. 내가 다른 사람을 대할 때 정성을 다하면 상대도 나를 잘 대접해준다. 하지만 내가 손님을 제대로 대접하지 않으면 다른 사람의 집을 방문했을 때 환대받기 어렵다.

이솝 우화의 '여우와 두루미 이야기'를 보면, 여우가 두루미의 상황은 고려하지 않고 자기 먹기 편한 평평한 접시에 음식을 담아준다. 여우 집에서 제대로 대접받지 못한 두루미는 여우에게 똑같이 복수해준다. 자기 집에 여우를 초대해 입구가 좁은 호리병에 음식을 준다.

내가 대접받고 싶은 대로 다른 사람을 대접해야 한다. 단순하지만 인간관계에서 가장 중요한 점을 잘 짚어주는 말이다. 타인은 나의 거울이라는 점을 명심하자.

세상의 인정은 돈을 따른다

人義盡從貧處斷 世情便向有錢家
인 의 진 종 빈 처 단 세 정 변 향 유 전 가

사람의 의리는 가난한 데서 끊어지고,

세상의 인정은 돈 있는 집안으로 쏠린다.

전국시대 제나라의 정치인 맹상군은 물려받은 재산으로 수천 명의 식객을 거느렸던 것으로 유명하다. 하지만 그가 재산을 잃고 처지가 어려워지자 주위에는 극히 일부의 사람만이 남았고, 이후 그가 다시 세력을 회복했을 때 떠나갔던 사람들이 다시 찾아왔다. 맹상군은 돈과 세력을 좇는 사람들에 대해 분노했지만, '이것이 세상 인심'이라는 조언자의 말에 고개를 끄덕였다.

돈과 세력을 따르는 세상의 인심은 어쩔 수 없다. 이익이 아닌, 의리만으로 움직이는 사람은 찾아보기 힘들다. 세상의 인정은 돈을 따른다는 현실을 인정하고, 담담하게 사람들을 대해야 한다.

입을 막는 것은 불가능하다

寧塞無底缸 難塞鼻下橫
영 색 무 저 항 난 색 비 하 횡

차라리 밑 빠진 항아리를 막을 수 있을지언정
코 아래 가로 놓인 입을 막기는 어렵다.

어린아이들도 잘 알고 있는 '임금님 귀는 당나귀 귀 이야기'는 원래 그리스 로마 신화의 원전인 오비디우스의 《변신 이야기》에 들어 있는 미다스 왕 이야기다. 닿기만 하면 무엇이든 황금이 되는 손을 가진 미다스 왕은 아폴론의 미움을 산 탓에 귀가 당나귀처럼 늘어나버리고, 그것을 그의 이발사가 알게 된다. 이발사는 차마 사람들에게 그 사실을 말하지 못하고 구덩이에 대고 소리치는데, 그 위에 자란 갈대가 바람에 흔들릴 때마다 나는 소리가 바로 그 비밀이었던 것이다.

비밀은 부끄러운 어떤 사실을 숨기기 위해 생긴다. 누군가가 숨기려는 비밀을 알고 있는 사람은 말하고 싶어 한다. '사실은 말이야, 이건 비밀인데' 하면서 시작되는 말은 더 이상 비밀이 아니다. 비밀은 만들어지는 순간 존재하기 힘들다. 사람들의 입을 막는 것은 불가능하기 때문이다.

사람들에게 아낌없이 베풀어라

人情皆爲窘中疎
인 정 개 위 군 중 소

인정은 모두 군색한 가운데 멀어진다.

'군색하다(窘)'는 '부족하다, 옹색하다, 가난하다, 궁하다'는 뜻이다. 이 말은 글자 그대로 사람 사이의 정이 너무 가진 것 없이 가난하면 멀어진다고 해석할 수 있다. 지나치게 가난하고 가진 것이 없으면 사람과 사귐을 온전히 하기 힘들다.

조금 다르게 해석하면 가진 것이 많더라도 사람을 대할 때 그 사람과의 정을 돈독하게 하는 것보다 돈을 아끼려는 옹졸함이 먼저라면 서먹서먹해진다는 것이다. 사람과의 만남에서는 머릿속으로 돈 계산을 하기보다는 정을 두텁게 하는 것을 더 우선하는 것이 좋다. 그렇지 않으면 서운함이 생긴다. 서운함에서 관계는 조금씩 멀어지게 된다.

술은 함부로 받아 마시면 안 된다

郊天禮廟 非酒不享 君臣朋友 非酒不義
교천예묘 비주불향 군신붕우 비주불의

鬪爭相和 非酒不勸 故 酒有成敗 而不可泛飮之
투쟁상화 비주불권 고 주유성패 이불가범음지

제사를 지내고 사당에 제례를 올릴 때 술이 아니면 흠향하지 못한다.
임금과 신하, 친구 사이에 술이 아니면 의리가 두터워지지 않는다.
싸운 뒤에 서로 화해할 때 술이 아니면 권하지 못한다.
그러므로 술에는 성패가 있으니 그것을 함부로 마셔서는 안 된다.

《사기》의 말이다.

술은 사람 사이의 관계, 심지어 신과의 관계를 깊게 만들어주는 역할을 한다. 제사를 지낼 때 술은 천지와 인간, 신과 인간을 연결하는 매개가 된다. 상하 관계나 친구 사이에서도 술잔을 주고받으면 의리가 더 두터워진다. 화해할 때도 술은 유용한 도구가 될 수 있다.

누군가가 주는 술을 받는다는 것은 그의 마음과 뜻을 받아들인다는 것이다. 만약 상대의 생각에 동의하지 않고, 은근한 권유를 받아들일 수 없다면 술을 받아 마시면 안 된다. 상대는 그것으로 뜻을 함께한다고 착각할 수 있다.

어진 사람을 곁에 두어야 한다

士有妬友 則賢交不親
사 유 투 우 즉 현 교 불 친

君有妬臣 則賢人不至
군 유 투 신 즉 현 인 부 지

선비가 시샘하는 친구를 두면 현명한 벗과 사귈 수 없고,

임금이 시샘하는 신하를 두면 현명한 신하가 오지 않는다.

순자의 말이다.

사람을 잘 알아보고, 주변에 사람을 잘 두어야 한다. 다른 사람의 뛰어난 재능을 시샘하는 사람을 곁에 두면, 능력 있는 사람들을 가까이할 수 없다. 재주 있는 사람들이 다가오려고 해도 질투하는 그 사람이 어떤 방식으로든 쫓아내려 하기 때문이다. 현명한 사람들은 그런 사람을 곁에 두었다는 것만으로도 사람 보는 눈에 대해 실망하고 떠나간다.

어진 사람을 곁에 두는 것도 능력이다. 만약 시샘이 많은 사람이 곁에 있다면 그렇게 하지 않도록 잘 타이르고, 고치지 않으면 어쩔 수 없이 멀리해야 할 것이다.

존재하는 것에는 모두 의미가 있다

天不生無祿之人 地不長無名之草
천 불 생 무 록 지 인 지 부 장 무 명 지 초

하늘은 복 없는 사람을 내지 않으며
땅은 이름 없는 풀을 자라게 하지 않는다.

'누구나 먹을 복과 묻힐 땅은 타고난다'는 말이 있다. 아무리 박복한 사람이라도 제 먹을 것은 타고난다. 복이 전혀 없는 사람은 없다. 살아 있다면 그것만으로도 복이다. 다만 삶이라는 과정에서 자기만의 과제가 있기에 다양한 경험을 하는 것이다.

땅에는 본래 이름 없는 풀이 없다. 사람이 모두를 관찰하고 구분해서 이름을 붙이지 못할 뿐이지, 모든 풀에는 나름의 특징이 있고 존재 이유가 있다.

삶이 고달프다고 원망하지 말자. 우리 삶의 난이도는 자기가 결정한 것이다. 각자의 소명이 있기 때문이다. 어떤 형태의 삶이든 어떤 존재든 존재하는 것에는 모두 의미가 있다.

부지런함으로 타고난 부를 누릴 수 있다

大富由天 小富由勤
대 부 유 천 소 부 유 근

큰 부자는 하늘에 달려 있지만, 작은 부자는 부지런함에 달려 있다.

정말 큰 부자가 되는 일은 하늘에 달려 있다. 자기의 타고난 복이나 능력만 갖고 되는 것이 아니다. 행운이 뒤따르고, 시운(時運)이 맞아야 한다. 오늘날 IT 업계의 CEO들이나 월가의 전설적인 투자자들이 지금과 똑같은 능력을 갖추고 조선 시대 머슴으로 태어났다면 아무런 기회도 얻지 못했을 것이다.

큰 부자는 아무나 되기 힘들지만 작은 부자는 누구나 될 수 있다. 누구나 타고난 부의 그릇이 있다. 사치하면서 살 정도는 아니더라도 행복한 삶을 사는 데 모자라지는 않다. 부지런하게 노력하면 자기가 타고난 부를 누릴 수 있다. 하지만 필요한 만큼 노력하지 않고 요행만 바라면, 그것마저도 누릴 수 없다. 가진 것에 감사하고 부지런하게 노력하는 것이 자기 복을 누리는 근본이다.

절약하지 않으면 집안을 망친다

成家之兒 惜糞如金
성가지아 석분여금
敗家之兒 用金如糞
패가지아 용금여분

집안을 일으킬 아이는 인분도 황금처럼 아끼지만,

집안을 망칠 아이는 황금 쓰는 것을 인분처럼 한다.

현명한 사람이 근검절약하면서 부를 계획적으로 관리하면 집안을 일으킬 수 있다. 부모가 물려준 돈이 없더라도 스스로 부자가 되는 것이 가능하다. 반대로 부모가 많은 재산을 물려주었다고 하더라도, 절약하지 않고 쓰기만 하면 언젠가는 곤궁한 때가 온다.

깨진 그릇에 물을 아무리 부어도 가득 채울 수 없다. 절약하지 않아 돈이 줄줄 새면, 아무리 벌어도 소용없다. 근검절약은 부의 어머니다. 그 반대인 낭비는 부와 관련된 어떤 목표도 성취하게 해주지 않는다.

항상 앞일을 대비하라

閑居愼勿說無妨 纔說無妨便有妨
한 거 신 물 설 무 방 재 설 무 방 변 유 방
爽口物多能作疾 快心事過必有殃
상 구 물 다 능 작 질 쾌 심 사 과 필 유 앙
與其病後能服藥 不若病前能自防
여 기 병 후 능 복 약 불 약 병 전 능 자 방

한가하게 지내면서 걱정거리가 없다고 말하지 마라.
걱정거리가 없다고 말하면 바로 걱정거리가 생긴다.
입에 맞는 음식도 많이 먹으면 병이 생기고,
마음에 즐거움이 지나치면 반드시 재앙이 있다.
병이 난 후에 약을 먹는 것보다 그전에 스스로 예방하는 것이 낫다.

항상 앞일에 대비하는 것이 안전하다는 소강절의 말이다. 굳이 일어나지도 않은 일을 걱정하라는 것이 아니라 방심하지 말라는 것이다. 방심하면 걱정거리가 생긴다. 아무런 문제의식 없이 타성에 젖어 일하거나 잘못된 습성을 고치지 않으면 재앙의 씨앗이 뿌려진다.

앞날의 모든 일을 예측할 수 없다. 긍정적으로 생각하면서도 일어날 만한 모든 상황을 준비하는 사람은 언제든 행운을 맞이할 수 있다.

모든 일에는 갚음이 있다

妙藥難醫冤債病 橫財不富命窮人
묘 약 난 의 원 채 병 횡 재 불 부 명 궁 인
生事事生君莫怨 害人人害汝休嗔
생 사 사 생 군 막 원 해 인 인 해 여 휴 진
天地自然皆有報 遠在兒孫近在身
천 지 자 연 개 유 보 원 재 아 손 근 재 신

신묘한 약이라도 원한 맺힌 병을 고치기는 어렵고,
뜻밖의 횡재라도 운명이 곤궁한 사람을 부자로 만들지 못한다.
일을 만들기 때문에 일이 생기는 것이니 그대는 원망하지 말고,
남을 해치기 때문에 남이 나를 해치는 것이니 성내지 마라.
천지자연에 모두 갚음이 있으니 멀리는 자손에게, 가까이는 자기에게 있다.

귀한 약을 쓰더라도 사람을 해치거나 원한 살 일을 해서 생긴 병, 특히 정신적인 병은 고치기 어렵다. 원한은 약으로 씻어낼 수 없기 때문이다. 일은 누군가가 생각했기 때문에 일어난다. 생각을 바꾸는 것이 중요하지, 일어난 일에 대해서 원망하는 것은 의미가 없다. 다른 사람이 나를 해치려고 한다면 내가 그런 마음을 품은 것이 원인이다. 모든 일에는 원인이 있고 그에 따른 보답이나 되갚음으로 결과가 일어난다. 좋은 원인을 제공해야 좋은 결과를 얻을 수 있다.

영원불변한 것은 없다

花落花開開又落 錦衣布衣更換着
화 락 화 개 개 우 락 금 의 포 의 경 환 착

豪家未必常富貴 貧家未必長寂寞
호 가 미 필 상 부 귀 빈 가 미 필 장 적 막

扶人未必上靑霄 推人未必塡溝壑
부 인 미 필 상 청 소 추 인 미 필 전 구 학

勸君凡事莫怨天 天意於人無厚薄
권 군 범 사 막 원 천 천 의 어 인 무 후 박

꽃은 지었다 피고, 폈다 또 지며 비단옷도 삼베옷으로 다시 갈아입는다.

귀한 집이 항상 부귀하지 않고, 가난한 집이 항상 적막하지 않다.

사람을 받쳐주어도 반드시 푸른 하늘까지 오르게 하지 못하고,

사람을 떠밀어도 반드시 깊은 구렁에 떨어지게 하지는 않는다.

그대에게 권하니, 모든 일에 하늘을 원망하지 마라.

하늘의 뜻은 사람에게 후하고 박함이 없다.

영원히 피어 있는 꽃은 없다. 꽃은 피었다 지기를 반복한다. 부자가 늘 부귀를 누릴 수 있는 것도 아니고, 가난하다고 해서 언제까지나 가난하란 법은 없다. 주변에서 아무리 도와주어도 성공하지 못하는 사람이 있고, 아무리 해코지해도 잘되는 사람이 있다. 그러니 비록 지금 처지가 좋지 않더라도 운명을 탓하지 말고 언제나 희망을 가져야 한다.

의롭지 않으면 오래갈 수 없다

無義錢財湯潑雪 儻來田地水推沙
무 의 전 재 탕 발 설 당 래 전 지 수 추 사
若將狡譎爲生計 恰似朝開暮落花
약 장 교 휼 위 생 계 흡 사 조 개 모 낙 화

의롭지 않은 돈과 재물은 끓는 물을 뿌린 눈과 같고,
갑자기 얻은 논밭은 물에 쓸리는 모래와 같다.
만약 간교한 속임수를 살아갈 계책으로 삼는다면
마치 아침에 피었다가 저녁에 지는 꽃과 같다.

남을 속이거나 남의 것을 훔치는 등 의롭지 않은 방법으로 얻은 돈과 재물은 쉽게 얻은 만큼 사라지기도 쉽다. 눈 위에 끓는 물을 뿌리면 순식간에 눈이 녹아버리듯이 돈 또한 오랫동안 머무르지 않고 없어져버린다. 뜻하지 않은 행운으로 얻은 재산도 마치 물을 뿌리면 모래가 씻겨 내려가듯이 쉽게 떨어져 나간다. 그 재산을 얻기 위해 노력한 과정이 없기에 지키기 힘들다.

정직하게 한 발 한 발 나아가야 한다. 교묘한 속임수로 살아가려고 하면 오래가지 못한다.

돈을 주고도 사기 힘든 것

無藥可醫卿相壽 有錢難買子孫賢
무 약 가 의 경 상 수 유 전 난 매 자 손 현

약으로 공경과 재상의 생명을 구할 수 없고,
돈이 있어도 자손의 현명함은 살 수 없다.

누구도 육신을 갖고 영원히 살 수 없다. 권력의 정점에 있는 사람들도 마찬가지다. 진시황이 서복에게 수천 명의 사람을 데리고 신선과 불사약을 찾게 한 것은 헛된 몸부림에 지나지 않았다. 아무리 좋은 약이 있어도 수명을 연장하는 것은 불가능하다.

돈이 아무리 많아도 자손의 현명함을 살 수는 없다. 현명함은 삶을 대하는 태도이고, 그것을 얻기 위해서는 겸손한 자세로 삶을 인내하는 숙성의 시간이 필요하다. 어리석은 자손은 스스로 잘났다고 믿기 쉽고, 성장하기 위해 배우지 않는다. 많은 돈을 들여 선생을 구해 가르치면 지식은 살 수 있을지언정 현명함을 살 수는 없다.

정신이 맑고 한가로운 것이 신선이다

一日淸閑 一日仙
일 일 청 한 일 일 선

하루 동안 정신이 맑고 한가로우면 하루 동안 신선이 된 것이다.

정신이 맑다는 것은 때가 끼어 있지 않다는 것이다. 진짜 자기의 모습을 있는 그대로 들여다볼 수 있고, 내면의 본성에서 울려 나오는 소리를 아무런 잡음 없이 깨끗하게 들을 수 있는 상태다.

정신이 한가롭다는 것은 일없이 본래 마음 그대로라는 것이다. 바쁘고 조급하면 제정신을 차리기 어렵다. 내가 나의 주인이 되는 것이 아니라 사물에 종속된다. 한가한 것은 외부의 일에 정신을 빼앗기지 않고, 자신을 있는 그대로 관조할 수 있는 상태다.

신선이 따로 있는 것이 아니다. 정신이 맑고 한가로운 것이 신선이다.

남을 해하지 말고 바르게 살아라

施仁布德 乃世代之榮昌 懷妬報冤 與子孫之危患
시 인 포 덕 내 세 대 지 영 창 회 투 보 원 여 자 손 지 위 환

損人利己 終無顯達雲仍 害衆成家 豈有長久富貴
손 인 이 기 종 무 현 달 운 잉 해 중 성 가 기 유 장 구 부 귀

인(仁)을 베풀고 덕(德)을 펼치면 곧 대대로 영예롭고 번창할 것이고,
시기심을 품고 원한을 갚으면 자손에게 위태로움과 근심을 주는 것이다.
다른 사람에게 손해를 끼치고 자신을 이롭게 하면
끝내 이름이 드러날 먼 자손이 없을 것이다.
뭇 사람에게 해를 끼쳐 집안을 일으킨다면 어찌 부귀가 오래가겠는가?

중국 북송의 3대 진종황제의 말이다.

다른 사람을 잘 대하면, 그것이 복이 되어 돌아와 자손 대대로 번창할 수 있다. 내가 다른 사람을 시기하거나 사사로운 원한을 모두 갚아주면, 그것이 화가 되어 돌아와 자손에게 해가 된다. 남을 해치면서 자기를 이롭게 하면 그 이로움이 오래갈 수 없다.

이 세상은 나의 마음과 행동을 그대로 비추는 거울과 같다. 내가 다른 사람을 대하는 그대로 나에게 돌아온다. 남을 해치려는 마음을 품으려 하지 말고 바르게 살아야 한다.

항상 조심하고 또 조심하라

居必擇隣 交必擇友 常思已往之非 每念未來之咎
거 필 택 린 교 필 택 우 상 사 이 왕 지 비 매 념 미 래 지 구

반드시 이웃을 가려서 거처를 정하고, 반드시 벗을 가려 사귀어라.
항상 지난날의 잘못을 생각하고, 앞으로 다가올 날의 허물을 생각하라.

중국 북송의 6대 신종황제의 말이다.

사람은 알게 모르게 가까이 있는 사람의 말과 행동, 생각을 따라 한다. 현명한 사람은 주변 사람을 잘 가린다. 자기에게 이익이 되느냐, 그렇지 않느냐를 기준으로 사람을 판단하라는 것이 아니다. 인격적으로 본받을 만한 사람을 주변에 두라는 것이다. 특히 인간의 도리를 다하지 않는 사람을 주변에 두는 것을 경계해야 한다.

지난날의 잘못을 생각하라는 것은 과거의 잘못을 곱씹으면서 죄책감이나 수치심에 빠져 지내라는 것이 아니다. 과거의 잘못한 경험으로부터 충분히 배우고, 그것을 발판 삼아 성숙해지라는 것이다. 교만한 마음을 품으면 잘못을 하기 쉽다. 항상 조심하고 또 조심하면서 허물을 짓지 않도록 주의해야 한다.

사소한 것을 가볍게 생각하지 마라

一星之火 能燒萬頃之薪 半句非言 誤損平生之德
일 성 지 화 능 소 만 경 지 신 반 구 비 언 오 손 평 생 지 덕
福緣善慶 多因積行而生 入聖超凡 盡是眞實而得
복 연 선 경 다 인 적 행 이 생 입 성 초 범 진 시 진 실 이 득

별똥 같은 불티 한 점이 만 이랑의 섶을 태울 수 있고,
반 마디 잘못된 말이 평생의 덕을 그르친다.
복은 착한 일로 인한 경사에서 말미암으니 대부분 선행을 쌓아 생겨나며,
성인의 경지에 이르고 평범함을 초월하는 것은 모두 진실함에서 얻어진다.

중국 남송의 초대 고종황제의 말이다.

많은 재산과 인명 피해를 주는 산불이 하늘에서 큰 벼락이 떨어져 일어나는 경우는 많지 않다. 오히려 대부분 사소해 보이는 불티 한 점에서 비롯된다. 평생 인격을 수양해왔어도 사소한 말 한마디로 그 덕이 무너질 수 있다.

큰 복을 받기 위해 엄청나게 큰 희생을 하거나 봉사를 해야만 하는 것은 아니다. 사소한 선행을 쌓는 것이 그 밑거름이 될 수 있다. 범속함을 초월해 성인이 되는 것이 어렵게만 보이지만, 사소해 보이는 진실한 마음에서 시작된다.

사람을 알려면 주변 사람을 보라

欲知其君 先視其臣
욕 지 기 군 선 시 기 신
欲識其人 先視其友
욕 식 기 인 선 시 기 우
欲知其父 先視其子
욕 지 기 부 선 시 기 자

임금을 알려면 먼저 그 신하를 보고
사람을 알려면 먼저 그 친구를 보며
아버지를 알려면 먼저 그 자식을 보라.

한 조직의 리더에 대해 알고 싶다면 그 조직의 구성원들, 특히 측근들을 보면 된다. 대외적으로 이미지가 좋은 리더라고 하더라도 조직 구성원들이 수준 이하라면 그 리더는 볼 것이 없다. 부하들은 알게 모르게 윗사람의 모습을 닮아 간다.

한 사람을 알기 위해서는 친구를 살펴보면 된다. 누구든 친구에게는 꾸미지 않은, 있는 그대로의 모습을 보여줄 것이기 때문이다. '끼리끼리 모인다'는 말처럼 친구를 보면 그 사람을 알 수 있다.

자식을 보면 그 아버지를 알 수 있다. 자식은 아버지에게서 보고 듣고 배운 대로 닮아 가기 때문이다.

시비를 따지면 따르는 사람이 없다

水至淸則無魚 人至察則無徒
수 지 청 즉 무 어 인 지 찰 즉 무 도

물이 지나치게 맑으면 고기가 없고,

사람이 지나치게 깨끗하면 따르는 무리가 없다.

지나치게 시비를 따지면 사람이 따르지 않는다. 냉정한 잣대로 평가하면 사람을 잃지만, 관대하게 포용하면 사람을 얻는다. 특히 자기를 험담하는 사람을 품을 수 있다면 최고의 찬사와 행운을 얻을 수 있다.

어떤 사람도 완벽하지 않다. 엄격한 양심의 거울에 비추어보았을 때 죄가 하나도 없는 사람은 세상에 존재하지 않는다. 반사회적이거나 반인륜적인 큰 죄가 아니라면 어지간한 단점은 품어주고, 상대를 판단하지 않는 넉넉한 마음을 가져야 사람을 얻을 수 있다.

모든 판단은 주관적이다

春雨如膏 行人惡其泥濘
춘 우 여 고 행 인 오 기 이 녕
秋月揚輝 盜者憎其照鑑
추 월 양 휘 도 자 증 기 조 감

봄비는 땅을 기름지게 하지만,
길 가는 사람은 비가 와서 질퍽질퍽해진 진창을 싫어하고,
가을 달빛은 밝게 빛나지만,
도둑은 거울처럼 밝게 비치는 것을 미워한다.

같은 상황이라도 사람마다 반응이 다양하다. 농부들은 봄 가뭄 끝에 오는 단비를 반긴다. 봄비가 땅을 기름지게 하기 때문이다. 하지만 행인들에게 비 소식은 그리 반갑지 않다. 비가 오면 진흙 길이 되어 걷는 데 불편하기 때문이다. 밝은 가을 달빛을 보며 사람들은 고즈넉한 풍취를 즐기지만 도둑은 반기지 않는다.

판단은 모두 주관적이고 제멋대로이다. 어떤 상황에서 내 반응도 꼭 한 가지여야만 하는 것은 아니다. 불평 불만하기 전에 긍정적이고 수용하는 방식으로 반응을 선택할 수 있다.

무엇을 무겁게 여기는가

大丈夫 見善明故 重名節於泰山
대 장 부 견 선 명 고 중 명 절 어 태 산
用心精故 輕死生於鴻毛
용 심 정 고 경 사 생 어 홍 모

대장부는 선(善)을 보는 것에 밝으므로,

명예와 절개를 태산처럼 무겁게 여긴다.

대장부는 명예와 절개를 무겁게 여기지만 삿된 이익은 가볍게 여긴다. 반대로 소인은 자기의 이익을 무겁게 여기고, 염치나 의리를 가볍게 여긴다. 한 사람의 진가는 어떤 가치를 중요하게 여기는지에 따라 달라진다. 무엇을 무겁게 여기고, 무엇을 가볍게 여기는지를 보면 알 수 있다.

어리석은 사람은 허울뿐인 성공에 매달린다. 커다란 집, 좋은 차, 수많은 장신구 등으로 자기 주변에 벽돌을 쌓는다. 그러다 보면 자기가 쌓은 벽돌에 갇혀버린다. 진정 가치 있는 인간이 되지 못하고, 외톨이가 된다.

더불어 살아가는 마음을 가져라

閔人之凶 樂人之善 濟人之急 救人之危
민 인 지 흉 낙 인 지 선 제 인 지 급 구 인 지 위

남의 불행을 애틋하게 여기고, 남에게 좋은 일이 생기면 기뻐하며,
남의 절박함을 구제하고, 남의 위험에 도움을 주어야 한다.

다른 사람이 불행하다면 그것을 보고 함께 아파하는 것이 정상이다. 남의 불행에 기뻐한다면 사람이라 할 수 없다. 다른 사람에게 좋은 일이 생겼다면 질투하지 말고 함께 기뻐하라. 주변에 위험하고 절박한 상황에 빠진 사람이 있다면 외면하지 말고 도와주어야 한다.

사람은 함께 살아가는 존재다. 다른 사람을 나와 완전히 별개의 존재로 여긴다면 스스로 고립되고 외로워질 것이다. 모든 사람은 연결되어 있다. 혼자만 존재하는 사람은 없다. 우리는 모두 커다란 생명의 흐름 속에서 영향을 주고받는다. 다른 사람과 더불어 살아가는 넉넉한 마음을 가지면 행복이 가까이 있다.

남이 옮기는 말을 그대로 믿지 마라

經目之事 恐未皆眞
경목지사 공미개진
背後之言 豈足深信
배후지언 기족심신

눈으로 본 일도 모두 진실이 아닐까 두렵거늘,

등 뒤에서 하는 말을 어찌 깊이 믿을 수 있겠는가?

사람의 본능적인 욕구 중 하나가 말하고 싶은 욕구다. 때로는 말하는 내용이 그다지 중요하지 않을 수도 있다. 다른 사람과 소통하고 자기를 드러내는 것 자체가 목적이 되는 것이다. 이것은 다른 사람과의 관계 속에서 살아가려는 인간의 근본적인 특징이다.

자기가 하려는 말을 100% 검증하고 말하는 사람은 드물다. 종종 사람들은 어느 정도의 추측과 과장이 섞이더라도 크게 문제의식을 갖지 않는다. 빨리 관심받고, 자기 존재감을 드러내고자 하는 욕심이 혀를 다스리지 못하게 한다.

남이 옮기는 말만 듣고 그것을 그대로 믿어버리는 것은 경솔한 행동이다.

자기 삶을 스스로 책임지려는 태도가 행복을 만든다

不恨自家汲繩短 只恨他家苦井深
불 한 자 가 급 승 단 지 한 타 가 고 정 심

자기 집 두레박 줄이 짧은 것을 원망스러워하지 않고
남의 집 우물이 깊은 것만 원망한다.

사람들은 종종 불만족스러운 상황에 대한 책임을 남에게 돌린다. 남의 집 우물에 가서 두레박질할 때 물을 뜰 수 없는 상황이라고 가정해보자. 어리석은 사람은 그 집 우물이 깊은 것을 원망한다. 하지만 현명한 사람은 자기가 가진 두레박 줄이 짧은 것을 탓한다.

행복은 다른 데 있지 않고, 자기 삶을 그대로 책임지는 태도에 달려 있다. 사람이 자기의 모든 문제에 책임을 지고 일어서면, 지금 어떤 처지에 있더라도 행복할 가능성이 열린다. 모든 일에 남 탓을 하지 말고 스스로 책임지려고 해야 한다. 자기 일에 책임지지 않으려는 태도는 영원히 어린이로 남으려 하는 것처럼 헛된 시도이다. 어른이 되기 위해서는 반드시 직면해야 하는 책임이 있다.

순리대로 살아야 한다

天若改常 不風卽雨 人若改常 不病卽死
천 약 개 상 불 풍 즉 우 인 약 개 상 불 병 즉 사

하늘이 만약 정해진 도리를 바꾸면, 바람이 불지 않아도 비가 내린다.
사람이 만약 일정한 법도를 어기면, 병들지 않아도 죽을 것이다.

보통 비가 내리기 전에는 바람이 분다. 하지만 하늘이 정해진 이치를 바꾸면 바람이 불지 않아도 갑자기 비가 내린다.

사람은 밤이면 자고, 아침에는 일어나야 한다. 배고프면 음식을 잘 먹고, 힘들면 쉬어야 한다. 이런 이치를 어기면 몸에 무리가 온다. 밤새워 일하거나 놀면 몸이 힘든 것이 며칠을 간다. 제때 끼니를 챙기지 않고 일하면 몸에 조금씩 충격이 쌓인다. 젊은 시절 건강한 몸을 믿고 순리를 어기면 나이가 들어 몸이 고생하거나 병에 걸리지 않더라도 급사할 수 있다.

드러나는 병이 없더라도 항상 순리를 어기지 말고 조심해야 한다.

남의 조언을 새겨들어야 한다

木從繩則直 人受諫則聖
목 종 승 즉 직 인 수 간 즉 성

나무가 먹줄을 따르면 곧아지고,

사람이 충고를 받아들이면 성스러워진다.

공자의 말이다.

주변 사람들의 조언이나 충고에 대해서는 두 가지 방식으로 대응할 수 있다.

하나는 상대의 염려하는 마음만 고맙게 받고 내 의지대로 계속해 나가는 것이다. 상대와 나의 관점이 다르고, 지식이나 의식 수준에 차이가 있을 때는 이렇게 하는 것이 현명하다. 충고를 무시하는 것이 아니라 그 사람의 입장에서는 그렇게 말할 수 있다는 점을 충분히 이해하고 내 할 일을 하는 것이다.

다른 한 가지는 조언에 귀 기울이고 내 행동을 바꾸는 것이다. 나와 비슷한 수준으로 사고하는, 믿을 만한 사람이 해주는 충고는 섣부르게 판단하지 말고 무겁게 들어야 한다.

모든 것은 돌고 돈다

一派青山景色幽 前人田土後人收
일 파 청 산 경 색 유 전 인 전 토 후 인 수
後人收得莫歡喜 更有收人在後頭
후 인 수 득 막 환 희 갱 유 수 인 재 후 두

한 줄기 푸른 산, 경치가 그윽하다. 앞사람 논밭을 뒷사람이 거두는구나.
뒷사람은 거두어 얻은 것을 기뻐하지 마라. 다시 거둘 사람이 뒤에 있다.

앞사람의 논밭에 있는 것을 뒷사람이 거두어간다. 뒷사람은 이익이다. 하지만 그 이익을 앞사람에게 다시 주지는 않는다. 또 다른 사람에게 주게 된다. 뒷사람의 논밭에 있는 것을 다시 거둘 사람이 나타나기 때문이다. 만사는 돌고 돈다.

누군가에게 물질적으로 도움을 받았다고 자신에게 이익이라고만 생각할 일은 아니다. 다른 사람에게 무엇인가를 더 주어야 할 수 있다. 대학교 신입생 때는 선배들에게 밥과 술을 얻어 먹지만, 1년 뒤에는 신입생들에게 사주어야 하는 것처럼 말이다.

사랑과 같은 감정도 돌고 돈다. 부모는 자식을 사랑하지만 보통 자식은 받은 만큼의 사랑을 부모에게 주지 못한다. 부모에게 받은 사랑은 자식의 자식에게로 또 내려간다.

작용 반작용의 법칙은 인생에도 적용된다

無故而得千金 不有大福 必有大禍
무 고 이 득 천 금 불 유 대 복 필 유 대 화

아무 이유 없이 천금을 얻는 것은 큰 복이 아니라,
반드시 큰 재앙이 있게 된 것이다.

소동파의 말이다.

눈앞에 벌어진 일이 좋은 일인지, 나쁜 일인지 바로 판단하기는 쉽지 않다. 힘을 주면 반대 방향으로 같은 힘이 가해지는, 작용 반작용의 법칙은 인생에도 적용된다. 갑자기 많은 돈이 생겼다고 해서 꼭 좋은 일이라고 할 수 없다. 그에 따른 반작용이 있을 수 있기 때문이다.

돈이 생기면 돈을 벌려는 절박함이 없어지고, 게을러지기 쉽다. 굳이 힘들게 노력할 필요가 없으니 자기계발에 힘쓰지 않는다. 인간의 본성은 무한한 성장이다. 성장하지 않는 삶은 의미가 없고 권태로 가득하다. 무료한 삶에서부터 재앙이 시작될 수 있다.

좋지 않은 의도는 본래 왔던 곳으로 돌아간다

有人來問卜 如何是禍福
유 인 래 문 복 여 하 시 화 복
我虧人是禍 人虧我是福
아 휴 인 시 화 인 휴 아 시 복

한 사람이 와서 점을 봐달라며,
무엇이 화고, 무엇이 복인지 물어 대답했다.
"내가 남을 해롭게 하면 화가 되고,
남이 나를 해롭게 하면 복이 된다."

소강절의 말이다.

남을 해롭게 하면 그 화가 나에게 이른다. 세상은 거울처럼 내 마음을 비추기 때문에, 남을 해치려는 마음이 그대로 나에게 오는 것이다. 내가 행한 잘못이 나중에 후손들에게 미치기도 한다. 시간이 걸리더라도 좋지 않은 의도는 본래 왔던 곳으로 돌아간다는 사실에는 변함이 없다. 남에게 해코지를 당하면 부정적으로 생각하지 말고, 액땜했다고 여기면 된다. 해가 되는 일을 한번 겪었으니 이제 좋은 일이 생길 것이라고 여기면 그만이다.

필요 이상 가지려 하지 마라

大廈千間 夜臥八尺
대 하 천 간 야 와 팔 척
良田萬頃 日食二升
양 전 만 경 일 식 이 승

천 칸이 되는 큰 집이라도 밤에 눕는 건 여덟 자뿐이고,
기름진 밭이 만 이랑이라도 하루 먹는 것은 두 되뿐이다.

넓은 집에 살아도 잘 때는 자기 몸집보다 조금 더 큰 공간만 있으면 된다. 방이 100개, 1000개 있어도 소용없다. 필요한 것은 아늑한 방 한 칸이다. 넓은 땅을 가지고 있어도 그 땅에서 나는 모든 것을 혼자 먹을 수 없다. 부자라도 하루에 먹는 건 세 끼뿐이다. 사람이 크게 불편함 없이 살아가는 데 필요한 물건은 그렇게 많지 않다. 필요 이상으로 소유하려는 것은 욕심이다.

현명한 사람은 평생 물질만 추구하지는 않는다. 소유는 꼭 필요 수준에서 그치고, 정신적인 가치를 추구하는 것에 힘쓴다. 필요한 것 이상을 가지려는 것은 어리석다.

지나치게 자주 만나는 것을 피하는 게 좋다

久住令人賤 頻來親也疎
구 주 령 인 천 빈 래 친 야 소
但看三五日 相見不如初
단 간 삼 오 일 상 견 불 여 초

오랫동안 머물면 사람이 업신여김을 받게 되고
자주 찾으면 친한 사이도 멀어진다.
단지 사흘이나 닷새만에 보더라도
서로 맞이함이 처음과 같지 않다.

사람 사이에는 적당한 거리를 두는 것이 좋다. 이 '거리'는 공간적인 거리와 시간적인 간격을 모두 포함한다. 아무리 친한 사이라 하더라도 너무 자주 보면 서로 쉽게 대하게 된다. 그러다 보면 예의에 어긋나는 실수를 하거나 굳이 보이지 말아야 할 속내를 내비칠 수 있다. 그러면서 서운한 것이 하나둘 쌓이면 그 사이는 멀어진다.

가까운 가족끼리도 서로를 위해 아름다운 거리를 지키는 것이 좋다. 한 집에서 살면 어쩔 수 없이 자주 마주치겠지만 각자의 공간을 갖고, 사생활을 존중해주어야 친밀함을 유지할 수 있다.

목마를 때 한 방울 물은 감로수와 같다

渴時一滴 如甘露 醉後添盃 不如無
갈 시 일 적 여 감 로 취 후 첨 배 불 여 무

목마를 때 한 방울 물은 감로수와 같고,

취한 뒤에 더하는 잔은 없는 것만 못하다.

갈증이 있을 때는 해골에 고인 썩은 물이라도 달게 느껴지고, 배고플 때는 어떤 음식을 먹어도 맛있다. 하지만 양껏 마신 뒤에는 황금잔에 몸에 좋은 약수를 주어도 거들떠보지 않을 것이고, 배부르게 먹은 뒤에는 산해진미도 눈에 들어오지 않을 것이다.

어느 정도 취기가 오를 정도로 술을 마시는 것은 적당히 기분이 좋아지는 일이다. 하지만 취한 상태에서 한 잔을 더 마시는 것은 이득이 없다. 더 취하면서 기분이 좋아지는 게 아니고 몸만 힘들어진다.

무엇이든 지나치지 않게 적당히 누리는 것이 좋다.

모든 것이 자신의 선택이다

酒不醉人人自醉 色不迷人人自迷
주 불 취 인 인 자 취 색 불 미 인 인 자 미

술이 사람을 취하게 하는 것이 아니라 사람이 스스로 취하는 것이요,
색(色)이 사람을 유혹하는 것이 아니라 사람이 스스로 유혹당하는 것이다.

술이나 마약, 성적인 만족과 같이 중독성이 있는 유혹은 애초에 멀리하는 것이 좋다. 피하지 않고 유혹당한 뒤에 외부의 유혹이 너무 강해서 어쩔 수 없다고 핑계 대는 것은 비겁하다.

호메로스의 《오디세이아》를 보면 노래로 뱃사람들을 꾀어서 해치는 세이렌이라는 요괴가 나온다. 오디세우스는 이들의 유혹에 빠지지 않도록 하려고 부하들의 귀를 밀랍으로 다 막아버린다. 유혹을 원천봉쇄해버린 것이다. 사람은 유혹에 약한 존재다. '나라면 유혹을 이겨낼 수 있다'는 자만심은 금물이다.

유혹에 빠지는 것도, 그것에 자신을 노출시키지 않고 지키는 것도 모두 자신의 선택이다.

마음을 어디에 쓸 것인가?

公心若比私心 何事不辨
공 심 약 비 사 심 하 사 불 변
道念若同情念 成佛多時
도 념 약 동 정 념 성 불 다 시

공공을 위하는 마음을 삿된 마음에 비할 수 있다면
무슨 일을 다스리지 못할 것인가.
도에 대한 마음이 정욕에 대한 마음과 같다면
성불하고도 시간이 남았을 것이다.

개인적인 이익을 추구하는 것처럼 공공의 이익을 위한다면, 공공을 위한 일 중에서 해내지 못할 것이 없을 것이다. 사람은 자기 이익을 위해서는 다양한 방법을 활용하지만, 공익을 위한 일은 조금만 힘들어도 포기한다. 어떤 분야에서든 반드시 해낸다는 의지와 집요함이 일을 이루는 원동력이다.

도를 구하는 마음이 정욕을 채우려는 마음처럼 강렬하다면 누구나 성불했을 것이다. 도를 이루지 못하는 이유는 수많은 유혹에 빠지기 때문이다.

마음을 어디에 쓸 것인가에 따라 그 사람의 그릇이 결정된다.

약삭빠른 사람은 흉하다

巧者言 拙者默 巧者勞 拙者逸
교 자 언 졸 자 묵 교 자 로 졸 자 일

巧者賊 拙者德 巧者凶 拙者吉
교 자 적 졸 자 덕 교 자 흉 졸 자 길

약삭빠른 사람은 말을 잘하고, 소박한 사람은 말이 없으며,
약삭빠른 사람은 수고롭고, 소박한 사람은 편안하다.
약삭빠른 사람은 사악하고, 소박한 사람은 덕이 있으며,
약삭빠른 사람은 흉하고, 소박한 사람은 길하다.

중국 송나라의 학자 주렴계의 말이다. 약삭빠른 사람은 말을 잘한다. 똑똑해 보이니 주변에 사람이 모인다. 하지만 그 뜻을 인간 된 도리나 의로움에 두지 않기 때문에 수고스럽게 일해도 누구도 행복하지 않은 결과를 낳는다. 소박한 사람은 말이 없고 겉으로 보이는 삶이 화려하지는 않아도, 덕을 바탕으로 행동하고 순리에 따르니 좋은 결과를 얻는다.

교묘하고 약삭빠르게 사는 것이 이익을 얻기 쉬우니 당장은 좋아 보이지만 결국 진짜 행복은 덕을 바탕으로 소박하게 사는 것에 있다.

덕과 지혜보다 더 많은 것을 탐내지 마라

德微而位尊 智小而謀大 無禍者鮮矣
덕 미 이 위 존 지 소 이 모 대 무 화 자 선 의

덕이 부족하면서 지위가 높고, 지혜는 적은데 꾀하는 바가 크면서
화를 당하지 않는 자는 드물다.

《주역》의 말이다.

사람들 사이에서 높은 지위를 얻고 그 지위를 인정받으려면, 공이 있고 재주가 뛰어난 것만으로는 부족하다. 반드시 그 지위에 걸맞은 인격을 갖춰야 한다. 덕이 있어야 한다는 말이다. 덕이 부족하면 사람들의 미움을 받고, 얼마 가지 않아 그 지위를 잃을 수 있다.

지혜와 능력이 부족하면서 욕심을 부려 자기 능력 이상의 것을 꾀하면 이루기 힘들다. 일을 이루지 못하는 것에서 끝나는 것이 아니라 욕심을 부린 대가를 치러야 한다.

자기가 가진 덕과 지혜보다 더 많은 것을 탐내면 화를 당하기 마련이다.

초심을 잃지 말고 정진하라

官怠於宦成 病加於小愈
관 태 어 환 성 병 가 어 소 유

禍生於懈惰 孝衰於妻子 察此四者 愼終如始
화 생 어 해 타 효 쇠 어 처 자 찰 차 사 자 신 종 여 시

관리는 벼슬자리를 얻음으로써 게을러지고, 병은 조금 나으면서 더해진다.
재앙은 게으른 데에서 생기고, 효는 처자식이 생기면서 쇠해진다.
이 네 가지를 살펴서 끝을 마치 처음처럼 여기며 삼가야 할 것이다.

《설원》의 말이다.

관리가 높은 자리를 얻으면 나태해진다. 목표를 이루었다는 안도감 때문이다. 병을 치료 중인 사람은 조금 나으면 방심하는 경우가 많다. 그러면 병세가 더 악화되는 수가 있다. 재앙은 밑도 끝도 없이 갑자기 닥치는 것 같지만 매사에 조심하고, 신중하면 막을 수 있는 것이 많다. 항상 깨어 있고 부지런하면 막을 수 있다. 게으름 때문에 화를 입는 경우가 많은 것이다. 또한, 처자식이 생기면 사랑하는 마음이 부모에게 미치지 못한다. 어느 정도 성취를 이루었다고 방심하지 말고 끝까지 정진해야 화를 입지 않는다.

자만하는 것이 가장 큰 독이다

器滿則溢 人滿則喪
기 만 즉 일 인 만 즉 상

그릇은 가득 차면 넘치고

사람은 자만하면 잃게 된다.

그릇이 가득 차면 넘친다. 그릇의 크기를 생각하지 않고 욕심내어 무작정 담기만 하면, 그릇 안에 있던 것마저 넘쳐 흘러버린다. 담을 수 있는 것도 잃게 된다.

사람이 자만심으로 가득하면 다른 사람들에게 그 마음이 금세 들통난다. 겸손한 사람인지, 자만심으로 가득한 사람인지는 5분만 이야기해보면 알 수 있다. 자만하는 사람을 좋아할 사람은 없다. 스스로 만족하는 사람은 더 발전하려고 노력하지 않는다. 다른 사람들의 충고나 조언에 귀 기울이지 않는다. 그러면 가지고 있는 평판이나 인심도 잃게 마련이다. 자만하는 순간부터 발전은 멈추고 퇴보가 시작된다. 자만하는 것은 가장 큰 독이다.

시간을 아껴 써라

尺璧非寶 寸陰是競
척 벽 비 보 촌 음 시 경

한 자 크기의 옥이 보배가 아니다.

지극히 짧은 시간을 다투어 쓰라.

인생에서 가장 멋진 보배는 시간이다. 시간 자체가 인생이다. 인생은 시간을 어떻게 쓰느냐에 따라 결정된다. 평범한 사람들은 그저 시간을 어떻게 때울 것인지 오락거리를 찾지만, 지혜로운 사람은 시간을 자신의 성장에 어떻게 활용할지 고민한다.

우리의 인생은 짧다. 기껏해야 100년 남짓이다. 100년이라는 시간 중에서 기억조차 희미한 유아기, 잠자는 시간, 아파서 활동하지 못하는 시간, 남의 일을 해주느라 빼앗기는 시간 등을 제외하면, 우리가 활용할 수 있는 시간은 그렇게 넉넉하지 않다. 시간을 낭비하면 그렇지 않아도 짧은 인생이 더 짧아진다. 소홀히 보낸 시간에 보복당하지 않으려면, 늘그막에 자신의 인생을 한탄하지 않으려면 짧은 시간을 천금같이 여겨야 한다.

모든 사람의 마음에 들기는 어렵다

羊羹雖美 衆口難調
양 갱 수 미 중 구 난 조

양고기 국이 비록 맛이 좋으나
모든 이의 입맛에 맞추기는 어렵다.

사람들의 입맛은 제각각이다. 아무리 뛰어난 요리사라도 모든 사람의 입맛에 맞는 음식을 만들 수는 없다. 마찬가지로, 내가 아무리 노력하더라도 모든 사람에게 인정받고 사랑받을 수는 없다. 나를 인정해주거나 사랑해주는 그 사람들도 모두 불완전하다. 호불호는 명확한 기준과 정의에 따라 갈리는 것이 아니다. 취향에 달려 있다. 각기 다른 취향을 가진 사람들에게 똑같이 사랑받는 것은 애초에 불가능한 일이다.

사람들의 취향이 다양하다는 사실을 인정하고, 나답게 살아가는 것이 현명하다. 모든 사람의 마음에 들기는 어렵다.

주변 환경을 탓하지 마라

白玉投於泥塗 不能汚穢其色
백 옥 투 어 니 도 불 능 오 예 기 색

君子行於濁地 不能染亂其心
군 자 행 어 탁 지 불 능 염 란 기 심

故松栢可以耐雪霜 明智可以涉危難
고 송 백 가 이 내 설 상 명 지 가 이 섭 위 난

흰 옥은 진흙에 던지더라도 그 빛을 더럽힐 수 없고,

군자는 혼탁한 곳에 가더라도 그 마음을 오염시키거나 어지럽힐 수 없다.

따라서 소나무와 잣나무는 눈과 서리를 견뎌내고,

밝은 지혜는 위험과 어려움을 건널 수 있다.

흰 옥은 진흙 속에 있더라도 물로 씻고 더러운 것을 닦아내면 본래의 빛을 다시 찾을 수 있다. 도덕적으로 뛰어난 사람은 소인배들에게 둘러싸이더라도 불의한 행동을 따라 하지 않고, 지조와 신념을 지킨다. 눈과 서리가 내리더라도 소나무와 잣나무는 고유의 푸른 빛을 잃지 않고, 밝은 지혜가 있다면 어떤 어려움도 이겨낼 수 있다.

주변 환경에 영향을 받을 수는 있지만 사람의 본성은 달라지지 않는다. 만약 변함이 있다면 원래 본성이 그러한 것뿐이다. 주변 환경을 탓하지 말고 자기 자신을 돌아보아야 한다.

남을 깨우쳐주는 것은 어렵다

入山擒虎易 開口告人難
입 산 금 호 이 개 구 고 인 난

산에 들어가 호랑이를 잡는 것은 쉽지만

입을 열어 남을 깨우쳐주는 것은 어렵다.

호랑이는 맹수 중에서도 가장 사나운 맹수다. 비슷한 체격이라도 싸워서 호랑이를 제압할 수 있는 동물은 거의 없다. 사람이 야생의 호랑이를 잡는 것도 결코 쉬운 일이 아니다. 경험 많은 사냥꾼이라도 조심하고 또 조심해야 하는 일이다. 그런데 호랑이 잡기보다 남을 깨우쳐주는 것을 더 어렵다고 한다. 그 이유는 무엇일까?

먼저, 가르침을 받을 수 있는 그릇이 되는 사람이 거의 없기 때문이다. 많은 사람은 단점을 지적하며 충고하는 것을 감정적으로 받아들이는 경향이 강하다. 조언의 내용을 깊이 생각하기보다 말하는 태도를 아니꼽게 여기거나, 자신이 인정받지 못한다고 여긴다.

혹은 아직 그만큼 성숙하지 못하여 충고를 해줘도 알아듣지 못한다. 직접 뼈저리게 경험한 뒤에야 그 말을 이해하는 경우가 많다.

가까운 곳에 있는 사람이 귀하다

遠水不救近火 遠親不如近隣
원수불구근화 원친불여근린

멀리 있는 물은 가까이 있는 불을 끌 수 없고,
멀리 있는 친척은 가까이 있는 이웃만 못하다.

당장 불이 나면 멀리 있는 물을 끌어 쓸 수 없다. 한 바가지 물이라도 가까이 있는 것을 써야 한다. 크고 작은 좋은 일을 함께 할 수 있는 사람은 멀리 있는 친척이 아니라 가까이 있는 이웃이나 친구다.

행복은 멀리 있는 많은 친척에서 오는 것이 아니다. 주변에 좋은 이웃과 친구를 사귐으로써 얻을 수 있다. 당장 급한 일이 있을 때 몇 시간 아이를 맡길 이웃이 있고, 주말에 함께 밥 먹고 이야기를 나눌 수 있는 가족 같은 친구가 있다면 삶은 조금 더 풍요로워질 것이다.

재앙은 조심하면 피할 수 있다

日月雖明 不照覆盆之下
일 월 수 명 부 조 복 분 지 하
刀刃雖快 不斬無罪之人
도 인 수 쾌 불 참 무 죄 지 인
非災橫禍 不入愼家之門
비 재 횡 화 불 입 신 가 지 문

해와 달이 비록 밝더라도 엎어놓은 그릇 밑은 비출 수 없고,
칼날이 비록 날카롭더라도 죄 없는 사람은 베지 못하며,
나쁜 재앙과 재난은 조심하는 집 문 안으로는 들어가지 못한다.

태공의 말이다.

햇빛과 달빛이 아무리 밝아도 그릇을 엎어두면 그 안을 비출 수 없다. 비가 억수로 내리부어도 우산을 잘 쓰고 있으면 머리가 젖지는 않는다. 날카로운 칼날도 명분이 있어야 사람을 벨 수 있다. '묻지마 범죄'와 같은 경우가 아니라면 원한 관계가 아니거나 죄 없는 사람에게 칼을 겨누는 일은 드물다. 재앙은 사람들의 원망이 쌓일 때 찾아오는 수가 있다. 매사에 조심하는 집안에는 나쁜 재앙의 기운이 범접하지 못한다.

항상 조심하는 태도를 가져야 재앙을 피할 수 있다.

물질보다 재주가 귀하다

良田萬頃 不如薄藝隨身
양 전 만 경 불 여 박 예 수 신

좋은 밭이 일만 이랑이 있어도
보잘것없는 재주를 몸에 지닌 것만 못하다.

태공의 말이다.

좋은 땅을 많이 갖고 있어도 농사를 짓지 않으면 얻을 수 있는 것이 없다. 광활한 영토에 풍부한 천연자원을 보유하고 있는 국가도 국민이 성실하게 일하지 않으면 부유하게 살 수 없다. 오히려 풍족한 자원 때문에 더 강한 나라의 먹잇감이 되기 쉽다.

물질은 그 자체로 가치가 올라가지는 않는다. 물질의 가치는 사람이 높일 수 있다. 새로운 가치의 창출을 위해 필요한 것은 사람의 재주다. 물질은 그 자체로 변화의 가능성이 없지만 사람이 가진 재주와 능력은 그 자체가 가능성이다. 기존에 존재하는 것의 가치를 높이거나 새로운 영역을 개척하는 힘이 재주와 능력에서 비롯된다.

자신을 돌아보라

接物之要
접 물 지 요

己所不欲 勿施於人
기 소 불 욕 물 시 어 인

行有不得 反求諸己
행 유 부 득 반 구 저 기

사물을 접하는 요체는
자기가 하고 싶지 않은 바는 다른 사람에게 베풀지 말고,
행동하고 얻는 것이 없으면 돌이켜 자신에게서 구해야 한다.

《성리서》의 말이다.

내 마음을 미루어 생각해보면 다른 사람의 마음을 헤아릴 수 있다. 다른 사람을 나와 다르지 않은 귀한 사람으로 여기면 남의 마음을 잃는 실수를 줄일 수 있다. 내가 하고 싶지 않은 일은 남에게 시키지 않는 것이 덕을 행하고 사람을 얻는 길이다.

어떤 행동을 하면서 얻는 것이 없다면 자신을 잘 들여다보아야 한다. 일의 방향이 잘못되지는 않았는지, 경험 있는 다른 사람의 조언이 필요한 것은 아닌지, 다른 사람의 마음을 얻지 못하고 있는 것은 아닌지 점검해보아야 한다.

조심해야 할 네 가지

酒色財氣四堵墻 多少賢愚在內廂
주 색 재 기 사 도 장 다 소 현 우 재 내 상

若有世人跳得出 便是神仙不死方
약 유 세 인 도 득 출 변 시 신 선 불 사 방

술과 여색과 재물과 객기,

현명하거나 어리석은 자들이 이 네 벽에 둘러싸인 행랑채에 있네.

만약 세상 사람이 이곳에서 뛰쳐나온다면

그것이 곧 신선이 되어 죽지 않는 비법이다.

아무리 건강한 사람이라도 지속적으로 술을 많이 마시면 몸이 버티지 못한다. 과음하면 말실수를 하거나 다른 사람과 작은 일로 시비가 붙을 수도 있다. 자기 몸을 망치게 된다. 지나치게 색을 탐해도 역시 몸이 상하고, 이성과의 관계에서 구설수에 자주 시달린다. 재물에 집착하면 의리를 저버리고 이익만 좇는 비루한 자가 된다. 객기를 다스리지 못하면 사람들과 다툼이 잦고, 적을 만들기 쉽다.

무엇이든 과하면 좋지 않다. 특히 술과 여색과 재물과 객기는 넘치지 않도록 잘 관리해야 몸과 마음을 건강하게 지킬 수 있다.

가르침을 바로 세우려면

입교편 立教篇

'입교(立教)'는 '가르침을 바로 세운다'는 말이다.
삼강오륜, 충성 등 유학의 이념을 중심으로,
가정과 사회의 유지를 위해 필요한 가치에 대해 강조한다.

근본을 바로 세워야 한다

立身有義 而孝爲本 喪祀有禮 而哀爲本
입 신 유 의 이 효 위 본 상 사 유 례 이 애 위 본
戰陣有列 而勇爲本 治政有理 而農爲本
전 진 유 열 이 용 위 본 치 정 유 리 이 농 위 본
居國有道 而嗣爲本 生財有時 而力爲本
거 국 유 도 이 사 위 본 생 재 유 시 이 역 위 본

입신출세하는 데는 도의가 있으니 효가 근본이다.
상을 당했을 때 예의가 있으니 슬퍼함이 근본이다.
전쟁의 진용에는 대열이 있으니 용맹함이 근본이다.
정치하는 데는 이치가 있으니 농사가 근본이다.
나라에 거함에 도가 있으니 대를 잇는 것이 근본이다.
재물을 생산함에 때가 있으니 역량이 근본이다.

공자의 말이다. 부모를 공경하는 사람은 사회에서도 예를 지키며, 자신의 도리를 충실히 해낸다. 그런 맥락에서 입신출세의 근본은 효라고 할 수 있다. 또한, 상을 당했을 때 슬퍼하고, 전장에서 용맹하고, 나라의 경제를 발전시키는 것이 근본이다. 이 모든 것과 더불어 자기 역량이 뛰어나 희소가치가 높다면 재물은 저절로 따라온다.

핵심적인 덕목

爲政之要 曰 公與淸
위 정 지 요 왈 공 여 청
成家之道 曰 儉與勤
성 가 지 도 왈 검 여 근

정치하는 핵심 덕목은 공정함과 청렴함이요,

집안을 이루는 핵심 덕목은 검소함과 부지런함이다.

《경행록》의 말이다.

공동체의 이익을 위해 일할 때는 공정함과 청렴함이 중요하다. 공정하지 않으면 여기저기서 원망이 일어난다. 칼같이 원칙을 지켜야 할 때와 관용을 베풀거나 예외 허용해야 할 때를 잘 구분해서 적용하는 판단력이 필요하다. 공직에 있는 사람이 청렴하지 않으면 자격 미달이다.

집안을 잘 건사하려면 검소하고 부지런해야 한다. 검소하지 않으면 경제적으로 궁핍해진다. 경제적으로 쪼들리면 가족들의 정신이 피폐해진다. 성공한 사람들은 모두 부지런하다. 가정에서부터 부지런함을 몸에 익힌 사람은 무슨 일이든 해낼 수 있는 기초 체력을 기를 수 있다.

새벽에 계획을 세워라

一生之計 在於幼 一年之計 在於春 一日之計 在於寅
일생지계 재어유 일년지계 재어춘 일일지계 재어인

幼而不學 老無所知 春若不耕 秋無所望
유이불학 노무소지 춘약불경 추무소망

寅若不起 日無所辦
인약불기 일무소판

일생의 계획은 유년 시절에 있고, 일 년의 계획은 봄에 있으며,

하루의 계획은 새벽(寅時, 새벽 세 시 반에서 다섯 시 반)에 있다.

어려서 배우지 않으면 나이 들어 아는 것이 없고,

봄에 밭을 갈지 않으면 가을에 바랄 것이 없으며,

새벽에 일어나지 않으면 하루에 분별하여 할 일이 없다.

《공자삼계도》라는 책에서 전해지는 구절이다.

계획은 항상 변할 수 있지만, 미리 계획을 세워두고 중간에 변경하는 것과 아무 계획 없는 것은 다르다. 어느 정도 방향이 있어야 변화하는 상황에 우왕좌왕하지 않는다. 스페인의 신부이자 작가인 발타자르 그라시안은 '새벽 3시간을 얻으면 또 하나의 인생을 가질 수 있다'고 했다. 새벽에 하루를 열고 알차게 살아간다면 자신의 꿈에 한 걸음 더 다가갈 수 있다.

오륜, 사람 사이에 지켜야 할 다섯 가지 가르침

五敎之目 父子有親 君臣有義
오 교 지 목 부 자 유 친 군 신 유 의
夫婦有別 長幼有序 朋友有信
부 부 유 별 장 유 유 서 붕 우 유 신

다섯 가지 가르침이 있으니 부자 사이에 친함이 있어야 하고,
임금과 신하 사이에 의리가 있어야 하며,
남편과 아내 사이에 분별이 있어야 하고,
어른과 어린아이 사이에 차례가 있어야 하며,
친구 사이에는 믿음이 있어야 한다.

부모와 자식 사이에 서로 친함이 없으면서 핏줄이라는 사실만으로 효를 강요하거나, 물질적인 지원을 요구한다면 남보다 못한 사이가 되고 만다. 윗사람과 아랫사람 사이에는 의리가 있어야 한다. 일과 이익만으로 이루어진 모임은 언젠가 무너진다. 남편과 아내는 평등하지만 분별이 있어야 한다. 서로의 특징에 맞는 역할 구분이 필요하다. 어른을 공경하는 것을 아이들에게 가르쳐야 예의 바르게 자란다. 친구 사이는 믿음이 근본 덕목이다. 신뢰가 깨지면 친구가 될 수 없다.

삼강, 세 가지 벼리가 되는 덕목

三綱 君爲臣綱 父爲子綱 夫爲婦綱
삼강 군위신강 부위자강 부위부강

세 가지 벼리가 있으니,

임금은 신하의 벼리가 되고,

어버지는 자식의 벼리가 되며,

남편은 아내의 벼리가 된다.

벼리는 그물에서 잡아당겨 오므렸다 펼 수 있게 하는 위쪽 코를 꿴 줄이다. 건물로 치면 기둥과 같은 것이다. 벼리가 된다는 것은 기준점, 본보기가 된다는 것이다.

리더는 구성원들의 본보기가 되어야 한다. 사람들이 윗사람에게 등을 돌리는 것은 리더가 삿된 이익을 추구한다는 것을 알았을 때다. 항상 조심해야 한다. 아버지는 자식의 본보기가 되어야 한다. 자식은 부모의 등을 보고 자란다. 입으로 아무리 옳은 말을 하고 매를 들어도, 본보기가 되는 것보다 확실한 교육은 없다. 남편과 아내는 서로에게 본보기가 되도록 노력해야 한다. 상대를 탓하고, 평가하기 전에 항상 자신을 돌아보는 것이 화목하게 지내는 길이다.

공평함과 청렴함을 잃지 마라

治官 莫若平 臨財 莫若廉
치관 막약평 임재 막약염

관청의 일을 처리함에는 공평함만 한 것이 없고,
재물에 임해서는 청렴만 한 것이 없다.

충자의 말이다.

원칙을 갖고 공평하게 처신하지 않으면 원망이 생긴다. 사사로운 일에도 그러한데, 공적인 일을 할 때는 말할 것도 없다. 공직에서 공평함을 잃으면 처벌의 대상이 되기도 한다. 오랫동안 공직에서 많은 업적을 이루었더라도, 공정함을 잃고 처벌받으면 비난의 대상이 된다.

재물을 다룰 때는 항상 청렴하도록 노력해야 한다. 사람이 하는 일에는 항상 빈 구멍이 생긴다. 돈을 다루는 사람이 청렴함을 잃고 부정한 방법으로 돈을 빼돌려도 사람들을 잠시 속일 수 있다. 하지만 영원히 숨길 수는 없다. 언젠가는 세상에 드러난다. 그전에 자기 양심의 가책은 어떻게 할 것인가?

말을 앞세우지 말고 신중하게 처신해라

作事必謀始 出言必顧行 常德必固持 然諾必重應
작사필모시 출언필고행 상덕필고지 연낙필중응

일할 때는 반드시 계획을 세워 시작하라.

말을 내뱉을 때는 반드시 그 실행을 생각하라.

항상 덕을 반드시 굳게 지켜라.

승낙할 때는 반드시 신중하게 하라.

중국 송나라 문인 장사숙의 좌우명 중 일부이다.

계획 없이 일하면 차근차근 실행해 나가기 어렵다. 나중에 바꾸더라도 계획을 세우고 시작해야 실수가 적다. 모든 일이 말로 하기는 쉽지만 실행하기는 어렵다. 말을 할 때는 그것의 실행에 대해 생각해야 한다. 말만 많고 실제 행동하지 않으면 경솔한 사람이라는 평을 면하기 어렵다.

항상 굳건히 지켜야 할 것은 덕(德)이다. 사람들은 능력이 조금 부족한 사람은 따르지만, 덕이 부족한 사람과는 멀어진다. 무슨 일을 승낙할 때는 그 끝을 생각해야 한다. 매사에 말을 앞세우지 말고 신중하게 처신하는 것이 좋다.

사람 사이의 기본을 지켜라

人附書信 不可開坼沈滯 與人竝坐 不可窺人私書
인 부 서 신 불 가 개 탁 침 체 여 인 병 좌 불 가 규 인 사 서
凡入人家 不可看人文字 凡借人物 不可損壞不還
범 입 인 가 불 가 간 인 문 자 범 차 인 물 불 가 손 괴 불 환

다른 사람이 부탁한 편지를 열어보거나 지체시켜서는 안 된다.
다른 사람과 같이 앉아 있으면서 사적인 글을 엿보아서는 안 된다.
다른 사람의 집에 들어가면 그의 글을 보는 것이 아니다.
다른 사람의 물건을 빌린 후에 상하게 하거나 돌려주지 않으면 안 된다.

중국 남송의 성리학자 범익겸의 좌우명 중 일부이다.

다른 사람이 전해주기를 부탁한 편지를 중간에 열어보거나 전달하기를 지체하는 것은 신의를 저버리는 행동이다. 다른 사람과 앉아 개인적인 글을 엿보는 것도 떳떳하지 않은 행동이다. 요즘은 스마트폰에 뜨는 메시지를 보기 쉬운데 이런 행동도 주의해야 한다. 부득이하게 보게 되었다면 양해를 구해야 한다. 상대가 공개하지 않은 글을 보는 것도 실례다. 다른 사람의 물건을 빌리면 제때에 돌려주어야 한다.

이런 것들은 대인 관계의 기본이다. 상대의 입장이 되어 생각해보고 기분이 상할 수 있는 일은 피해야 한다.

돈을 쓰는 데에도 원칙이 있어야 한다

富者 用之有節 不富者 家有十盜
부 자 용 지 유 절 불 부 자 가 유 십 도

부유한 자는 재물을 쓰는 데 절도가 있고,

부유하지 않은 자는 집안에 열 가지 도둑이 있다.

무왕이 태공에게 왜 귀천과 빈부가 세상에 존재하는지 물었다. 이에 태공이 답한 말의 일부다.

돈을 버는 것에 원칙이 있듯이, 돈을 쓰는 것에도 원칙이 있다. 부유한 사람은 명확한 원칙을 갖고 소비한다. 불필요하게 돈이 줄줄 새지 않게 관리하고, 돈을 허투루 쓰지 않는다. 대개 부유한 사람은 절약하고 사치하지 않지만, 가난한 사람은 돈이 줄줄 새는 습관과 환경을 갖고 있다.

대부분 돈을 쓰는 방식과 원칙에 따라 부유한 사람과 그렇지 않은 사람이 구분된다. 부유하게 지내기 위해서는 돈을 버는 방법을 연구하는 것도 중요하나 그것을 지키는 방법을 잘 알고 실천하는 것도 중요하다.

가난을 부르는 열 가지 도둑

時熟不收爲一盜 收積不了爲二盜
시 숙 불 수 위 일 도 수 적 불 료 위 이 도

無事燃燈寢睡爲三盜 慵懶不耕爲四盜
무 사 연 등 침 수 위 삼 도 용 라 불 경 위 사 도

不施功力爲五盜 專行巧害爲六盜
불 시 공 력 위 오 도 전 행 교 해 위 육 도

養女太多爲七盜 晝眠懶起爲八盜
양 녀 태 다 위 칠 도 주 면 라 기 위 팔 도

貪酒嗜慾爲九盜 强行嫉妬爲十盜
탐 주 기 욕 위 구 도 강 행 질 투 위 십 도

곡식이 여물었는데 거둬들이지 않는 것이 첫째 도둑이요, 곡식을 거둔 뒤 쌓는 일을 마치지 않는 것이 둘째 도둑이요, 일이 없는데 등불을 켜고 자는 것이 셋째 도둑이요, 게으름 피우면서 밭갈지 않는 것이 넷째 도둑이요, 노력하지 않는 것이 다섯째 도둑이요, 오직 교활하고 해로운 일만 하는 것이 여섯째 도둑이요, 딸을 너무 많이 낳아 기르는 것이 일곱째 도둑이요, 낮잠 자고 게으르게 일어나는 것이 여덟째 도둑이요, 술을 탐하고 욕망을 즐기는 것이 아홉째 도둑이요, 심하게 질투하는 것이 열째 도둑이다.

앞의 글과 이어지는 말이다. 부지런히 일해야 할 시기에 일하지 않으면 얻을 수 있는 것이 없다. 절약하지 않으면 부자가 될 수 없다. 노력하지 않고 게으름을 피우면서 남을 질투하는 사람, 시간과 물질을 낭비하는 사람은 부를 이룰 수 없다.

새는 구멍을 막지 못하면 부유해질 수 없다

倉庫漏濫不蓋 鼠雀亂食爲一耗
창 고 누 람 불 개 서 작 난 식 위 일 모
收種失時爲二耗
수 종 실 시 위 이 모
抛撒米穀穢賤爲三耗
포 살 미 곡 예 천 위 삼 모

창고가 새고 넘치는데 덮지 않아
쥐와 참새가 마구잡이로 곡식을 먹어대는 것이 첫 번째 덜어냄이요,
거두고 씨뿌리는 때를 놓치는 것이 두 번째 덜어냄이요,
곡식을 내던지고 흩뿌려 더럽고 천하게 하는 것이 세 번째 덜어냄이다.

앞의 글과 이어지는 말이다. 창고를 잘 관리해서 곡식이 새거나 넘치지 않도록 해야 한다. 그렇지 않으면 쥐나 참새 따위에게 곡식을 빼앗긴다. 커다란 논밭을 갖고 있어도 창고 관리가 소홀하면 결코 곡식을 모을 수 없다. 일할 때 게으름을 부려 때를 놓치면 부를 쌓을 수 없다. 부지런히 해야 할 일을 점검하고, 시기를 놓치지 말아야 한다. 재물을 함부로 다루는 사람에게서는 돈이 떠나간다. 돈을 집어 던지거나 하면서 함부로 다루면 돈도 사람을 피한다. 항상 감사한 마음으로 아껴야 돈이 잘 흐른다.

재앙은 스스로 불러들이는 것이다

一錯 二誤 三痴 四失 五逆
일착 이오 삼치 사실 오역

六不祥 七奴 八賤 九愚 十强 自招其禍 非天降殃
육불상 칠노 팔천 구우 십강 자초기화 비천강앙

첫째 잘못, 둘째 그릇됨, 셋째 어리석음, 넷째 과실, 다섯째 거스름, 여섯째 상서롭지 않음, 일곱째 상스러움, 여덟째 천함, 아홉째 고지식함, 열째 순종하지 않음에 스스로 재앙을 불러들이는 것이지 하늘이 재앙을 내리는 것이 아니다.

무왕이 앞의 세 가지 덜어냄에도 부유하지 못한 이유를 묻자 태공이 답한 말이다. 순리를 거슬러 어리석은 실수를 하고, 품격이 없는 사람은 부유해질 수 없다. 부는 다른 사람과 관계를 잘 맺고 해야 할 일에 열심일 때 자연스럽게 따라오는 것이다. 재앙을 비껴가게 하고 부와 행복을 얻으려면 스스로 먼저 변해야 한다.

*앞에 이어지는 대화에서 태공은 열 가지를 구체적으로 설명하였으나 책에서는 그 설명에 따르지 않았음을 밝힌다. 참고로 태공의 설명은 다음과 같다. 1. (一錯) 아들을 가르치지 않는 것 2. (二誤) 어린아이를 훈계하지 않는 것 3. (三痴) 신부를 엄하게 가르치지 않는 것 4. (四失) 말도 꺼내지 않았는데 웃는 것 5. (五逆) 부모를 봉양하지 않는 것 6. (六不祥) 밤에 알몸으로 일어나는 것 7. (七奴) 다른 사람의 활을 당기기를 좋아하는 것 8. (八賤) 다른 사람의 말 타기를 좋아하는 것 9. (九愚) 다른 사람의 술을 마시면서 권하는 것 10. (十强) 다른 사람의 밥을 먹으면서 친구에게도 먹으라고 하는 것

정사를 잘 돌보려면

치정편 治政篇

'치정(治政)'은 '정사(政事)를 다스린다'라는 말이다.
공직자로서 나라에 충성하고 백성을 위하는 마음가짐을 강조한다.
특히 청렴함과 조심스러움, 부지런함과 같은 덕목은
오늘날 공직자들도 새겨들어야 할 것이다.

진실한 마음이 있다면

一命之士 苟有存心於愛物
일 명 지 사 구 유 존 심 어 애 물
於人必有所濟
어 인 필 유 소 제

처음 벼슬길에 오른 선비라도
진실로 만물을 사랑하는 데에 마음을 둔다면,
반드시 다른 사람에게 도움이 되는 바가 있을 것이다.

중국 북송의 유학자 정호의 말이다. 고위 공무원이나 오랫동안 공직에 몸담아 노련한 관리에 비해 새로 임명된 공직자가 사람들에게 도움을 주는 바는 크지 않을 것이다. 결정할 수 있는 것도 별로 없고, 영향력도 미미하기 때문이다.

여기서 '愛物(애물)'을 '외부의 사물을 아끼고 사랑한다'로 좁게 해석하지 말고, '만물을 사랑하여 조화롭게 한다' 혹은 '사람을 포함한 만물을 사랑함'과 같이 뜻을 확장하여 해석하면 좀 더 뜻이 명확해진다. 임명된 지 얼마 되지 않은 사람이라도 사무적으로 일을 대하지 않고, 진실한 사명감으로 일한다면 분명히 도움이 되는 바가 있을 것이다.

관리의 녹봉은 백성들에게서 나온다

上有麾之 中有乘之 下有附之 幣帛衣之 倉廩食之
상 유 휘 지 중 유 승 지 하 유 부 지 폐 백 의 지 창 름 식 지

爾俸爾祿 民膏民脂 下民易虐 上蒼難欺
이 봉 이 록 민 고 민 지 하 민 이 학 상 창 난 기

위로는 지휘하는 사람이 있고, 중간에는 올라타는 사람이 있고,
아래로는 따르는 사람이 있다.
아래에서 바치는 비단으로 옷을 짓고, 곳간의 곡식으로 밥을 지으니,
그대(관리)의 녹봉은 백성의 고혈과 기름이다.
아래의 백성을 해치기는 쉽지만 위의 푸른 하늘은 속이기 어렵다.

관리들의 옷과 밥은 모두 백성의 세금에서 나온다. 백성의 고혈과 기름으로 생활하면서 백성을 억압하거나 속이려 하지 말아야 한다. 위에서 내려다보고 있는 하늘, 양심과 천리는 속일 수 없다. 사필귀정으로 모든 일은 언젠가 제자리를 잡게 되어 있다. 모든 사람이 마찬가지겠지만 특히 공직자들은 항상 양심에 따라 자기 맡은 바 일에 최선을 다하고, 속이려 하지 말아야 한다.

공직에 있는 자의 세 가지 덕목

當官之法唯有三事 曰淸 曰愼 曰勤
당 관 지 법 유 유 삼 사 왈 청 왈 신 왈 근
知此三者 知所以持身矣
지 차 삼 자 지 소 이 지 신 의

관직을 맡았을 때 세 가지 법도가 있으니,
청렴함과 신중함과 근면함이다.
이 세 가지를 알면 제 몸을 보전하는 바를 안다.

중국 송나라 여본중이 지은 책 《동몽훈》의 말이다.

공직자에게 필요한 세 가지 덕목이다. 개인적인 탐욕을 버리고 청렴함을 지켜야 원칙에 따라 공정하게 일할 수 있다. 다른 사람의 말을 신중하게 듣고, 말과 행동을 조심해서 해야 한다. 경박하게 처신하면 실수하기 쉽다. 근면함은 모든 일의 근본이다. 해야 할 일을 민첩하게 처리하지 않고 미루면, 사람들에게 해를 끼치는 것과 같다. 공직에 있을 때는 꼭 나쁜 일을 해야 나쁜 것이 아니라 해야 할 일을 제때 하지 않는 것도 잘못을 범하는 것이다. 청렴함, 신중함, 근면함 이 세 가지 덕목을 잊지 말아야 한다.

화는 언제나 본처로 돌아가
그 사람을 해친다

當官者 必以暴怒爲戒 事有不可 當詳處之 必無不中
당관자 필이폭노위계 사유불가 당상처지 필무부중
若先暴怒 只能自害 豈能害人
약선폭노 지능자해 지능해인

관직에 있는 사람은 반드시 사납게 성내는 것을 경계해야 한다.
일에 옳지 않은 것이 있다면
마땅히 상세하게 살펴 처리하면 반드시 부합하지 않음이 없다.
만약 먼저 심하게 화부터 내면
다만 자신에게 해를 끼칠 뿐 어찌 다른 사람을 해칠 것인가?

어떤 일이든 먼저 화부터 크게 내면 될 일도 안 된다. 일은 하나하나 이치를 따져가며 차근차근 처리하면, 시간이 걸리더라도 제자리를 잡게 된다. 화를 내면 단기적으로는 일이 잘 돌아가는 것처럼 보이지만, 사람들의 불만을 살 수 있다. 주변 사람의 서운함과 불만은 시한폭탄과 같다. 결정적인 순간에 사람들이 나에게서 등을 돌릴 수 있으니 주의해야 한다. 화는 언제나 본처로 돌아가 화낸 그 사람을 해칠 뿐이다.

공무를 자기 일처럼 극진하게 하라

事君如事親 事長官如事兄 與同僚如家人
사 군 여 사 친 사 장 관 여 사 형 여 동 료 여 가 인
待群吏如奴僕 愛百姓如妻子 處官事如家事
대 군 리 여 노 복 애 백 성 여 처 자 처 관 사 여 가 사

임금 섬기기를 어버이 섬기듯 하고, 윗사람 섬기기를 형 섬기듯 하며,
동료와 함께하기를 집안사람처럼 하고,
여러 아전들을 대하기를 집안 하인 대하듯 하며,
백성을 사랑하기를 처자식을 사랑하듯 하고,
공무를 처리할 때 집안일 처리하듯 하라.

윗사람을 대할 때 어버이나 형을 섬기듯이 하면 자연히 친밀해져 일하는 데 어려움이 줄어들 것이다. 사사로운 친분을 쌓으라는 것이 아니라 인간적인 신뢰를 구축하라는 것이다. 동료를 집안사람 대하듯 하면 화기가 누그러들 것이다. 공과 사의 경계를 무너뜨리면서까지 친해지라는 것이 아니라 차갑게 사무적으로 대하지 말라는 것이다. 사람들을 처자식 사랑하듯 하고, 공무를 집안일하듯 책임감을 갖고 집중해서 하면 일이 지체되지 않고, 물 흐르듯이 진행될 것이다. 공무를 자기 일처럼 극진하게 하는 것이 좋은 관리가 되는 길이다.

아랫사람이 윗사람을 움직이는 방법

令 是邑之長 若能以事父兄之道事之
영 시읍지장 약능이사부형지도사지

過則歸己 善則唯恐不歸於令 積此誠意 豈有不動得人
과즉귀기 선즉유공불귀어령 적차성의 기유부동득인

현령은 고을의 우두머리다.

만일 아버지와 형을 섬기는 도리로 그를 섬겨서

허물이 있으면 자기에게 돌리고,

잘한 것은 현령에게 돌아가지 않을까 두려워하여

이런 성실한 뜻을 쌓아 나가면 어찌 사람을 얻지 못하겠는가?

중국 송나라의 학자 정이의 말이다. 현령을 보좌하는 한 사람이 현령을 어떻게 자기 뜻대로 움직일 수 있는지 물었다. 먼저 윗사람의 권위를 인정해주고, 상대에게도 인정하는 바를 알려주어야 한다.

윗사람을 마치 아버지나 형을 섬기듯 모시면서 허물은 자기에게 돌리고, 공은 윗사람에게 돌리면 신뢰가 두터워지고, 마음을 터놓는 관계가 된다. 윗사람도 내 의견을 가볍게 흘리지 않고 인정하게 되는 것은 시간문제다.

나부터 바로 세워라

問臨民, 曰: 使民各得輸其情
문 임 민 왈 사 민 각 득 수 기 정
問御吏, 曰: 正己以格物
문 어 리 왈 정 기 이 격 물

백성에 임하는 도리를 묻자, 말했다.

"백성들이 각기 그의 뜻을 다하게 할 것이다."

벼슬아치를 거느리는 도리를 묻자, 말했다.

"자신을 바르게 함으로써 사물을 바로잡는 것이다."

중국 북송의 학자 유안례가 정호에게 묻고, 정호가 답한 말이다.

사람에게는 각자의 뜻과 소명이 있다. 그것은 자기만이 아는 것이고, 단박에 알아차리기 힘든 경우도 많다. 정답은 개개인의 마음속에 있다. 무지몽매한 백성을 깨우쳐줘야 한다는 오만한 생각을 버리고, 각기 자기의 뜻을 다할 수 있도록 돕는 것이 위정자의 역할이다.

조직에서 함께 일을 하는 사람에 대해서도 그들을 '거느린다'는 교만함을 버려야 한다. 윗사람으로서 아랫사람을 바로잡아 주겠다고 접근하는 것이 아니라, 먼저 자신을 바르게 하는 것이 중요하다. 내가 바로잡히면 그것을 본보기로 아랫사람들은 자연히 따르게 된다.

물러나지 말아야 할 상황에서는 목숨을 걸고 간언한다

迎斧鉞而正諫 據鼎鑊而盡言 此謂忠臣也
영 부 월 이 정 간 거 정 확 이 진 언 차 위 충 신 야

도끼를 맞더라도 바르게 간언하고,
큰 솥에 삶아 죽이려 해도 할 말을 다하면
이런 사람은 충신이라 할 수 있다.

윗사람을 대할 때는 조심해야 한다. 누구에게나 '역린(逆鱗, 거꾸로 난 용의 비늘, 잘못 건드리면 크게 노하여 사람을 죽이는 것)'이 있다. 전후좌우를 살피고 나설 때인지 잠깐 물러서 있어야 할 때인지 잘 판단해야 한다. 작은 일에 쓸데없이 목숨 걸려고 하지 말아야 한다. 신중하고 현명하게 처신해야 몸을 보전할 수 있다.

하지만 일단 바르게 간언해야 하는 때라는 판단이 섰다면, 상황이 자신에게 불리한지 유리한지 따지지 말고 밀어붙여야 한다. 윗사람이라도 꺾어야 하고, 설혹 잘못되어 불이익이 있다고 하더라도 할 말을 정확하게 하는 사람이 충신이다. 물러나지 말아야 할 상황에서는 목숨을 걸고 간언하는 것이 정도(正道)다.

집안의 화목을 이루려면

치가편 治家篇

'치가(治家)'는 '집안을 다스린다'라는 말이다.
가정은 모든 것의 근본이다.
특히 자식들의 인성교육의 첫 번째 장이다.
집안의 구성원들이 서로 공경하여 가정이 화목하면
모든 일이 이루어진다.

어른께 여쭈어야 무탈하다

凡諸卑幼 事無大小毋得專行
범 제 비 유 사 무 대 소 무 득 전 행

必咨稟於家長
필 자 품 어 가 장

무릇 지위가 낮고 나이 어린 사람은
일이 크건 작건 제 마음대로 결정하지 말고,
반드시 집안 어른에게 여쭤보고 해야 한다.

북송의 학자 사마광의 말이다.

모든 사람은 위치에 따라 권한과 책임이 다르다. 가정에서도 마찬가지다. 경험이 부족하고, 판단력을 신뢰할 수 없는 사람이 독단적으로 판단하고, 행동하면 실수하기가 쉽다. 이미 저지른 일을 나중에 수습하려고 하면 힘들다. 크고 작은 일에 대해 집안의 어른과 사전에 의견을 조율하는 것이 안전하다. 자율권을 보장받는 영역은 경험이 늘고, 판단력이 성숙하면 자연스럽게 늘어난다.

어른들도 어떤 일을 결정할 때 가족들과 의논하는 것이 좋다. 집안에 어떤 영향을 주는 일을 혼자 결정하고 통보하는 것보다 미리 상황을 이야기하는 것이 화목한 가정을 만드는 지름길이다.

손님 대접에 소홀히 하지 말라

待客不得不豊 治家不得不儉
대 객 부 득 불 풍 치 가 부 득 불 검

손님 대접을 풍성하게 하지 않을 수 없고,

집안일을 다스림에는 검소하게 하지 않을 수 없다.

손님이 집에 찾아오면 풍성하게 대접해야 한다. 낭비하고 사치하라는 말이 아니라, 손님이 서운한 마음이 들지 않게 하라는 것이다. 어른들이 손님을 잘 대접하고, 소통하는 것을 보면서 아이들은 사회성을 키울 수 있고, 남에게 어떤 식으로 베풀어야 하는지 알 수 있다.

하지만 살림살이는 항상 검소하게 해야 한다. 가진 돈이 많고 적음과 관계없이 검소한 생활습관이 몸에 배도록 하는 것이 좋다. 지금 당장 가진 재산이 많아도 가족들이 검소하지 않으면 가진 것도 금방 사라진다.

서로 공경하는 부부가 되어라

痴人畏婦 賢女敬夫
치 인 외 부 현 녀 경 부

어리석은 사람은 아내를 두려워하고,

현명한 여자는 남편을 공경한다.

태공의 말이다.

어리석은 남편은 아내에게 신뢰를 받지 못한다. 말과 행동으로 믿음을 주지 못하기 때문이다. 그러니 아내의 반응을 항상 두려워한다. 하지만 현명한 아내는 남편이 어리석다 하더라도 남편을 공경하는 마음을 잃지 않는다. 조금 부족하더라도 신뢰를 주는 것이 남편의 자존감을 높여주고 잠재력을 깨울 수 있다는 것을 알기 때문이다.

어질지 못한 아내는 남편의 부족함을 탓하고 원망하지만 현명한 아내는 남편의 부족한 점을 채워주고, 장점을 계발할 수 있게 도와준다. 그러면 결과적으로 남편도 잘되고, 서로 공경하며 지낼 수 있다.

아랫사람의 처지와 상황을 헤아려야 한다

凡使奴僕 先念飢寒
범 사 노 복 선 념 기 한

무릇 노복을 부릴 때는 먼저 그들의 굶주림과 추위를 생각하라.

노복을 부릴 때 그들의 생활을 잘 생각하고, 생계를 책임져야 한다는 말이다. 신분제도가 철폐된 오늘날에는 이 말을 글자 그대로 해석하지 말고, 조직의 리더 입장에서 생각하면 좋다. 조직의 구성원들에게 어떤 것을 지시하고 요구할 때는 그들의 입장, 특히 경제적인 상황을 잘 고려해야 한다.

일을 시키면서 합당한 보상을 주지 않고 열정만을 요구하면 곁에 남아 있을 사람은 아무도 없다. 아랫사람의 처지와 상황을 헤아릴 줄 모르고, 적절한 보상으로 현실적인 문제를 해소해주지 못하는 리더는 많은 사람을 품을 수 없다.

가정의 화목이 모든 일의 근본이다

子孝雙親樂 家和萬事成
자 효 쌍 친 락 가 화 만 사 성

자식이 효도하면 부모가 즐겁고,

집안이 화목하면 모든 일이 이루어진다.

자식이 효도하는 것만큼 부모에게 기쁜 일은 없다. 당장 큰돈을 벌거나 횡재하지 않더라도 항상 즐겁다. 가족끼리 화목하면 마음이 굳건해진다. 밖에서 어려운 일을 당해도 조금 흔들리다가 곧바로 제자리를 잡는다. 가정이라는 '기댈 곳'이 있기 때문이다.

반대로 자식이 효도하지 않거나, 집안이 화목하지 않으면 항상 마음 한구석이 찝찝하다. 밖에서 일이 잘되더라도 진심으로 기쁘지 않다. 웃으면서도 행복하지 않고, 좋은 일이 생겨도 마음이 충족되지 않는다. 가정의 화목이 모든 일의 근본이다.

재앙은 준비된 사람을 피해간다

時時防火發 夜夜備賊來
시 시 방 화 발 야 야 비 적 래

때때로 불이 나는 것을 막고,

밤마다 도둑이 오는 것을 방비하라.

불이 나는 것은 한순간이다. 작은 담배 불씨 하나가 바람에 날려 온 산을 다 태워버릴 수도 있고, 깜빡 잊고 끄지 못한 가스레인지 불로 집을 잃을 수도 있다. 항상 조심하고 또 조심해야 한다. 도둑은 언제 들어올지 모른다. 평범한 이웃도 잠깐 마음을 잘못 먹으면 도둑이 될 수도 있다. 밤마다 문단속을 잘하고 조심하는 수밖에 없다.

좋지 않은 일은 방심하면 그 틈을 파고들어와 일어난다. 유비무환의 자세로 항상 조심하면 불운한 일을 막을 수 있다. 재앙은 준비된 사람을 피해간다.

부지런한 가풍을 만들어라

觀朝夕之早晏 可以卜人家之興替
관 조 석 지 조 안 가 이 복 인 가 지 흥 체

아침저녁의 이름과 늦음을 보면
그 집안의 흥함과 쇠함을 점칠 수 있다.

《경행록》의 말이다.

가족들이 아침에 일찍 일어나 활동하고, 저녁에 제시간에 잠자리에 드는 집안은 대개 흥한다. 가족들이 건강하고 부지런하기 때문이다. 이 말을 오늘날 그대로 적용하기에는 무리가 있다. 농경시대에는 아침부터 부지런히 일하고 저녁에 일찍 자는 것이 생산력을 높이는 데 절대적인 도움이 되었다. 밤에는 농사를 지을 수 없기 때문이다.

하지만 오늘날에는 밤 늦게라도 할 수 있는 일이 많고, 오히려 밤에 온라인상에서 사람들이 모여 창의적인 활동을 하는 경우도 많다. 이 말을 꼭 일찍 자고 일찍 일어나야 한다고 해석하기보다는, 부지런함을 근본으로 해야 집안이 흥할 수 있다는 것으로 이해하는 것이 적절하다.

결혼의 본질은 사랑이다

婚娶而論財 夷虜之道也
혼 취 이 론 재　이 로 지 도 야

결혼하면서 재물을 논하는 것은 오랑캐의 도리다.

시집가고 장가들면서 재물을 이야기하는 것은 적절하지 않다는 중국 수나라 학자 왕통의 말이다. 요즘은 좀 바뀌고 있는 것 같지만, 결혼할 때 남자는 집을 마련하고 여자는 혼수를 준비해야 한다는 인식이 있다. 지방마다, 집안마다 제각각인 잣대를 들이대면서 돈 문제를 논하는 것은 적절하지 않다. 두 사람이 만나 가정을 이룰 때 경제적인 문제는 서로 형편에 맞게 잘 합의하는 것이 중요하다.

현실적인 문제를 완전히 무시하라는 것이 아니다. 결혼 당사자 외에 다른 사람들이 경제적인 문제를 왈가왈부하지 말라는 것이다. 결혼의 본질은 어디까지나 두 사람의 마음이고 사랑이다.

인연에서 도리를 지키려면

안의편 安義篇

'안의(安義)'는 '의(義)를 따라 편안하다'라는 말이다.
'의(義)'는 '사람 사이에 마땅히 그러해야 하는 것'이다.
형제와 부부, 벗 사이에
마땅히 그러해야 하는 도리에 대해 강조한다.

모든 인연은 다 소중하다

兄弟爲手足 夫婦爲衣服
형 제 위 수 족 부 부 위 의 복
衣服破時更得新 手足斷處難可續
의 복 파 시 갱 득 신 수 족 단 처 난 가 속

형제는 손발과 같고, 부부는 의복과 같다.
의복이 해지면 다시 새것을 얻으면 되지만,
손발이 잘리면 이어 붙이기 어렵다.

형제는 혈연이고, 부부는 인연이다. 핏줄은 바꿀 수 없지만 인연은 끊어질 수도 있다. 그래서 부부를 마치 의복과 같은, 해지면 새것으로 바꿀 수 있는 것처럼 말했다. 하지만 이것은 남자가 첩을 두기도 했던 시대 배경에서 나온 옛말이고, 오늘날에는 다른 해석이 필요하다.

혈연이라고 해서 그 관계가 부부의 인연보다 본질적으로 우월한 것은 아니다. 오히려 남보다 못한 가족도 얼마든지 있다. 우연히 만난 친구가 가족보다 더 나의 마음을 알아주고, 성장에 도움을 줄 수 있다. 혈연이든 우연히 엮인 인연이든 모든 인연은 다 소중하다.

상대의 상황에 따라 사귀는 사람은 진짜 친구가 아니다

富不親兮貧不疎 此是人間大丈夫
부 불 친 혜 빈 불 소 차 시 인 간 대 장 부
富則進兮貧則退 此是人間眞小輩
부 즉 진 혜 빈 즉 퇴 차 시 인 간 진 소 배

부유하다고 친해지려 하지 않고, 가난하다고 멀리하지 않으면
이것은 사람 가운데 대장부다.
부유해서 찾아오고, 가난하다고 물러난다면 사람 가운데 진짜 소인배다.

소동파의 말이다.

소인배들은 돈이 많거나, 유명하거나, 힘 있는 사람을 따르기 마련이다. 상대를 사귐으로써 얻을 수 있는 이익을 생각한다. 사람을 사귀는 것에 의리보다는 이익을 앞세운다. 하지만 인격적으로 성숙한 사람은 그 사람의 현재 상태만을 보고 판단하지 않는다. 정말 의리가 있는 사람인지, 믿을 만한 사람인지를 중요하게 여긴다.

상대의 처지나 외모에 따라 교류할 대상을 거르는 것은 소인배의 행동이다. 상황에 따라, 조건에 따라 언제든 변할 수 있는 소인배일 뿐이다.

예의 기본을 알려면

준례편 遵禮篇

'준례(遵禮)'는 '예(禮)를 따른다'는 말이다.

예는 사람 사이에 지켜야 할 최소한의 규칙이다.

예는 겉치레에만 빠지지 말고, 그 정신을 귀하게 여겨야 한다.

항상 남을 자신을 대하듯 공경하고,

자신의 극단으로 치닫는 것을 절제하면 예에서 어긋나지 않는다.

관계의 근본은 예다

居家有禮 故 長幼辨 閨門有禮 故 三族和
거가유례 고 장유변 규문유례 고 삼족화
朝廷有禮 故 官爵序 田獵有禮 故 戎事閑
조정유례 고 관작서 전렵유례 고 융사한
軍旅有禮 故 武功成
군려유례 고 무공성

집안에 거함에 예가 있으므로 어른과 아이의 분별이 있고,
부녀자가 거처하는 방에 예가 있으므로 부모와 형제와 처자가 화합한다.
조정에 예가 있으므로 관직과 작위에 순서가 있고,
사냥에 예가 있으므로 군사에 관한 일이 법도가 있으며,
군대에 예가 있으므로 무공이 이루어진다.

예(禮)는 사람 사이에 있어야 할 최소한의 규범이라는 공자의 말이다. 그 근본 덕목은 절제다. 절제 없이 하고 싶은 대로 하면 관계에 균열이 생기고, 조직은 병든다.

예가 있어야 기본적인 질서가 유지된다. 집안에 예가 있다면 화목을 걱정할 일이 없다. 조정에서 시세의 이로움이나 세력에 따라 권위가 부여된다면 질서가 어그러진다. 사냥할 때 서로 차지하려고 하거나 군대에서 법도 없이 서로 공을 다툰다면 무공을 이룰 수 없다.

절제가 없는 용기는 해롭다

君子有勇而無禮爲亂
군 자 유 용 이 무 례 위 란

小人有勇而無禮爲盜
소 인 유 용 이 무 례 위 도

군자가 용기는 있지만, 예가 없으면 난을 일으키고

소인이 용기는 있지만, 예가 없으면 도적이 된다.

공자의 말이다.

현명한 자가 용기가 있더라도 예로써 절제하지 못해 교만함에 빠지면 주변 사람의 부추김에 흔들린다. 단적인 예로, 한 분야에서 성공한 사람이 자기 분수를 지키지 못하고, 정치에 뛰어드는 것을 보라. '당신밖에 없다, 나서야 한다'는 주변의 부추김에 서서히 물들어 자기도 모르게 발을 잘못 내딛는다.

어리석고 자기 이익만을 중요하게 여기는 사람이 용기만 있다면, 객기로 발전한다. 남의 것을 빼앗는 도적이나 남을 속이는 사기꾼이 되기 쉽다.

절제가 없는 용기는 해롭다.

남을 기르는 것은 덕으로 해야 한다

朝廷莫如爵 鄕黨莫如齒
조 정 막 여 작 향 당 막 여 치
輔世長民莫如德
보 세 장 민 막 여 덕

조정에서는 벼슬만 한 것이 없고, 마을에서는 나이만 한 것이 없다.
세상을 돕고 백성을 나아가게 함에는 덕만 한 것이 없다.

증자의 말이다.

조정은 벼슬의 높고 낮음에 따라 질서가 잡힌다. 벼슬이 권위가 되어 조직이 유지된다. 벼슬에만 목매선 안 되겠지만, 그 권위 자체는 중요하다. 다른 조직도 마찬가지다. 구성원들이 인정해주는 권위가 조직을 유지하는 데 필수적이다. 마을에서는 그 권위가 나이다. 연장자의 말을 무겁게 듣고, 조언에 귀 기울이는 공동체는 건강하다. 언젠가 자기가 연장자가 되었을 때 책임 있는 말을 해야 한다는 것도 자연스럽게 체득할 수 있다.

사람들의 성장을 돕는 데는 덕이 가장 중요하다. 재주가 있다고 교만하게 남을 가르치려 들거나, 무시하면 상대를 변화시키기 어렵다. 선한 영향력의 근본은 항상 덕이다.

연장자를 무시하지 마라

老少長幼天分秩序 不可悖理而傷道也
노 소 장 유 천 분 질 서 불 가 패 리 이 상 도 야

노인과 젊은이, 어른과 아이는 하늘이 베푼 질서이니,

이치를 거스르고 도리를 상하게 해서는 안 된다.

나이'만' 많다고 존중해야 하는 것은 아니다. 나이가 들어도 소위 '나잇값' 못 하는 어른도 많다. 오히려 나이가 많다는 것을 내세워 뻔뻔한 요구를 하거나 억지 주장을 하는 경우도 적지 않다. 눈살을 찌푸리게 하는 '진상' 어른들이 얼마나 많은가.

하지만 기본적으로는 연장자를 존경하는 것이 자연스럽다. 나이가 많다는 것은 그만큼 경험이 많다는 것이다. 그 경험이 좋은 것이든 나쁜 것이든 경험이 많다는 것 자체만으로도 지혜로울 가능성이 있다. 대부분의 인간사는 직접 경험하지 않으면 알지 못한다. 말과 글로도 배울 수 있지만 '골수에 사무치게' 배우는 것은 오직 경험을 통해서만 가능하다. 수많은 뼈저림을 겪어내고, 눈앞에 살아 있는 존재를 무시하지 않는 것이 인간 된 도리다.

항상 마음가짐을 돌아보라

出門如見大賓 入室如有人
출 문 여 견 대 빈 입 실 여 유 인

문을 나설 때는 큰 손님을 뵙듯이 하고,

방에 들어올 때는 사람이 있는 듯이 하라.

항상 주변에 다른 사람이 있다고 생각하면 몸과 마음을 단정히 할 수 있다. 문을 나설 때 큰 손님을 뵙는다고 생각하면, 거울을 한 번이라도 더 보게 된다. 옷매무새를 바로잡고, 마음도 가다듬을 수 있다. 방에 들어올 때 아무도 없다고 생각하면 짐을 휙 집어 던지고 침대에 아무렇게나 쓰러져 한동안 꼼지락거리기도 할 것이다. 물론 이런 자연스러운 모습이 나쁜 것만은 아니다. 편안하게 긴장을 푸는 시간도 필요하다. 하지만 방에 들어오는 짧은 시간만이라도 마치 다른 사람이 있는 것처럼 생각하고 조심한다면, 자칫 흐트러지기 쉬운 마음을 잘 갈무리할 수 있다.

상대는 나의 거울이다

若要人重我 無過我重人
약 요 인 중 아 무 과 아 중 인

만약 다른 사람이 나를 소중하게 대해주기를 원한다면
내가 다른 사람을 소중하게 대하는 것보다 나은 것이 없다.

인간에게는 거울 신경세포(Mirror Neuron, 상대의 행동에 대한 관찰만으로 그러한 행동을 하는 것처럼 활성화되는 신경세포)가 있다. 우리에게는 다른 사람이 하는 행동을 거울처럼 따라 하려는 근원적인 욕구가 있다.

다른 사람이 나에게 해주었으면 좋겠다고 생각하는 행동이 있다면 내가 먼저 하면 된다. 상대는 자기도 모르게 나를 따라 하게 된다. 다른 사람이 나를 예의 바르게 대해주었으면 좋겠다는 소망이 있다면 먼저 그를 예의 바르게 대하라. 나에게 사랑 가득한 눈길을 주길 바란다면 그를 사랑 가득한 눈으로 바라보면 된다. 상대는 나의 거울이다.

부모 자식 사이에 지켜야 할 것

父不言子之德 子不談父之過
부 불 언 자 지 덕 자 부 담 부 지 과

아버지는 아들의 덕을 말하지 말 것이며,

아들은 아버지의 허물을 말하지 말 것이다.

부모는 자식 자랑을 하지 않도록 주의해야 한다. 그 말을 듣는 상대는 겉으로는 대단하다고 맞장구를 쳐주겠지만, 속으로는 자식을 자랑하는 부모를 비웃을 것이다. 그리고 시기, 질투하는 마음이 생겨 은근히 그 자식이 잘되지 않기를 바란다. 부모가 자기 자랑하는 말을 들은 자식은 뻐기는 마음이 들어 교만해질 것이다. 자식 자랑은 누구에게도 득이 되지 않는 어리석은 행동이다.

부모의 허물을 말하는 것은 누워서 침을 뱉는 것과 같다. 부모를 욕해봤자 자기가 그런 못난 사람의 자식이라는 것을 증명하는 일밖에 되지 않기 때문이다.

君子有勇而無禮爲亂
군 자 유 용 이 무 례 위 란
小人有勇而無禮爲盜
소 인 유 용 이 무 례 위 도

군자가 용기는 있지만,

예가 없으면 난을 일으키고

소인이 용기는 있지만,

예가 없으면 도적이 된다.

말의 중요성을 새기려면

언어편 言語篇

이 편에서는 말의 중요성에 대해 강조한다.
말을 조심하지 않으면
자신에게 큰 재앙이 될 수 있으니 항상 삼가고,
이치에 맞게 해야 한다는 점을 잊지 말아야 한다.

이치에 맞지 않는 말은 하지 마라

言不中理 不如不言 一言不中 千語無用
언부중리 불여불언 일언부중 천어무용

말이 이치에 맞지 않으면 말을 하지 않느니만 못하다.

한 마디 말이 맞지 않으면 천 마디 말도 쓸모없다.

할 말이 없으면 말하지 말아야 한다. 괜히 이런저런 말을 주절대면 실수하기 쉽다. 자기 머리에서 이치에 맞게 숙고한 것을 신중하게 말해야 한다. 남의 말을 앵무새처럼 읊어대거나, 정리되지 않은 생각을 말로 내뱉으면 안 된다. 특히 길거리에서 남에게 들은 것을 아무런 생각 없이 그대로 옮기는 것을 경계해야 한다.

한 마디 말이라도 이치에 맞지 않으면 아무리 많은 말을 해도 소용없다. 상대는 이미 한 마디 틀린 말에서 판단을 끝내버리고 더 이상 듣지 않을 것이다.

말이 입안에 있을 때는 내가 말을 통제하지만 어떤 말이라도 입 밖으로 나왔을 때는 내가 그것에 구속되어 버린다. 이치에 맞지 않는 말을 반복해서 하는 사람은 말에 무게가 실리지 않는다.

입이 재앙의 문이 될 수 있다

口舌者 禍患之門 滅身之斧也
구설자 화환지문 멸신지부야

입과 혀가 재앙과 근심의 문이며,

몸을 망치는 도끼다.

가장 다스리기 어려운 것이 말이다. 어지간한 욕망보다 더 조절하기 어렵다. 아는 척하고 싶고, 생각을 표현하고 싶고, 나만 아는 남의 비밀을 말하고 싶다. 사람의 인격은 침묵을 통해 더욱 빛나지만, 우리는 생각을 깊게 하지 않고 말을 너무 쉽게 한다. 말은 한번 내뱉으면 되돌릴 수 없고, 실수로 내뱉은 한마디로 몸을 망치는 일이 비일비재하다.

주변에 사람을 두더라도 말을 함부로 하는 사람은 멀리해야 한다. 입이 무거운 사람이 제일 좋은 사람이다. 상대의 말을 듣고 바로 옮기는 사람은 말을 새겨듣는 사람이 아니니 경계해야 한다. 입이 재앙의 문이 될 수 있다는 것을 기억하고, 항상 말을 가려서 해야 한다.

말이 사람을 상하게 할 때는 칼과 같다

利人之言 煖如綿絮 傷人之語 利如荊棘
이인지언 난여면서 상인지어 이여형극
一言利人 重値千金 一語傷人 痛如刀割
일언이인 중치천금 일어상인 통여도할

다른 사람을 이롭게 하는 말은 솜처럼 따뜻하고
다른 사람을 상하게 하는 말은 가시처럼 날카롭다.
한마디 말로 다른 사람을 이롭게 하는 것이 천금과 같이 무겁고
한마디 말로 다른 사람을 상하게 하는 것이 칼로 베는 것처럼 아프다.

다른 사람을 이롭게 하는 말은 친절한 말, 인생에 도움이 되는 조언, 따뜻한 응원과 같은 것이다. 이런 말 한마디 하는 것은 어렵지 않지만 그 울림은 크다. 따뜻한 말 한마디는 자기도 모르는 재능을 일깨워주어 탁월하게 살 수 있도록 하고, 삶의 의미를 깨닫게 하여 누군가의 목숨을 살릴 수도 있다.

다른 사람을 상하게 하는 말은 저주나 증오, '너는 할 수 없다'고 능력을 한계 짓는 말, 불친절한 말과 같은 것이다. 이런 말은 상대에게 평생 잊지 못할 상처를 줄 수 있다. 칼로 베는 것보다 더 아픈 것이 상처 주는 말이다.

몸을 편안하게 하려면 말을 삼가라

口是傷人斧 言是割舌刀
구 시 상 인 부 언 시 할 설 도
閉口深藏舌 安身處處牢
폐 구 심 장 설 안 신 처 처 뢰

입은 사람을 상하게 하는 도끼요, 말은 혀를 베는 칼이니,
입을 닫고 혀를 깊이 감추면 어느 곳에 있든 몸이 편안하다.

말을 함부로 하는 사람은 몸이 편안하기 힘들다. 서로 말다툼을 하더라도 한쪽이 먼저 입을 닫으면 그 싸움은 끝난다. 침묵이 싸움을 잠재우는 것이다. 하지만 서로 지기 싫어 계속 입을 열면 싸움은 걷잡을 수 없이 커진다.

꼭 말을 해야 할 때도 있지만 대부분 말을 아끼는 것이 낫다. 뒤에서 다른 사람을 비난하거나, 확인되지도 않은 소문을 그대로 옮기는 것, 침묵이 주는 어색함이 싫어서 내뱉은 쓸데없는 말이 자신에게 독이 될 수도 있다.

속마음을 모두 말하는 것은 위험하다

逢人且說三分話 未可全抛一片心
봉 인 차 설 삼 분 화 미 가 전 포 일 편 심
不怕虎生三個口 只恐人情兩樣心
불 파 호 생 삼 개 구 지 공 인 정 양 양 심

사람을 만나거든 열 마디 중 세 마디만 말하고,
한 조각 마음까지 모두 던져서는 안 된다.
호랑이 입이 세 개라도 두려운 것이 아니요,
다만 사람이 두 마음 품는 것이 두려운 것이다.

다른 사람에게 말할 때 속마음을 모두 말하지 말고 30% 정도만 말하라는 조언이 현실적이다. 마음 밑바닥에 있는 한 조각까지 다 말하는 것은 상대를 그만큼 믿기 때문이다. 하지만 사람 사이에 마음의 깊이는 서로 다르다. 내가 상대를 완전히 신뢰하더라도 상대가 나에게 그만큼 마음을 열지 않았을 확률이 높다.

완전히 믿을 수 있는 사람은 거의 없다. 사람은 조금만 서운해도 두 마음을 품는다. 나에게는 작은 일이라도 남에게는 큰 상처가 될 수 있다. 어떤 점이 상대를 서운하게 할지는 예측하기 힘들다. 안타까운 일이지만 내 마음을 완전히 보여주는 것은 위태롭다.

뜻이 맞지 않으면 한마디 말도 어색하다

酒逢知己千鍾少 話不投機一句多
주 봉 지 기 천 종 소 화 불 투 기 일 구 다

술은 나를 알아주는 친구를 만나면 천 잔도 부족하지만,
말은 시기가 아니면 한마디도 많은 것이다.

내 뜻을 알아주는 친구를 만났을 때 마시는 술은 달다. 이야기가 끝없이 이어지고, 시간이 금방 지나간다. 서로 공감하는 깊이만큼 나누는 대화가 유쾌하다. 그러니 술이 천 잔이라도 부족하다. 하지만 마음이 통하지 않는 사람과 만나면 나눌 말이 없다. 함께 있는 시간이 어색하고, 빨리 헤어지고 싶다. 뜻이 맞지 않으면 한마디 말도 어색하다. 사람과의 대화에는 마음이 통하는지, 그렇지 않은지가 중요하다.

진정한 친구를 얻으려면

교우편 交友篇

이 편에서는 어떤 친구를 사귀어야 할지를 강조한다.
친구는 오랫동안 좋은 일과 궂은 일을
함께 겪어보아야 진면목을 알 수 있다.
가짜 친구는 이익을 따지지만,
진정한 친구는 의리를 중요하게 생각한다.

어떤 친구를 둘 것인지 신중하게 선택하라

與善人居 如入芝蘭之室 久而不聞其香 卽與之化矣
여선인거 여입지란지실 구이불문기향 즉여지화의

與不善人居 如入鮑魚之肆 久而不聞其臭 亦與之化矣
여불선인거 여입포어지사 구이불문기취 역여지화의

是以君子 必愼其所與處者焉
시이군자 필신기소여처자언

선한 사람과 함께 있으면 난초가 있는 방에 들어간 것과 같아서
시간이 지나면 그 향기를 맡지 못해도 그 향기에 동화될 것이요,
선하지 못한 사람과 함께 있으면 생선 가게에 들어간 것과 같아서
시간이 지나면 그 냄새를 맡지 못해도 그 냄새에 동화될 것이다.
이 때문에 군자는 반드시 함께 지내는 사람에 대해 신중한 것이다.

공자의 말이다. 후각은 쉽게 지치는 감각기관이다. 난초의 은은한 향이나, 생선의 강렬한 냄새도 오랫동안 맡으면 둔감해진다. 친구도 오랫동안 어울리다 보면 객관적으로 바라보기 어렵다. 그 말과 행동에 별다른 저항이 생기지 않는다. 익숙해지기 때문이다.

가까이 있는 사람에게는 자기도 모르게 동화된다. 그래서 어떤 친구를 둘 것인지는 신중하게 선택해야 한다. 선하지 않은 사람을 옆에 두면 점점 비슷한 사람이 된다.

배움을 좋아하는 친구를 가까이 두라

與好學人同行 如霧露中行 雖不濕衣 時時有潤
여호학인동행 여무로중행 수불습의 시시유윤

與無識人同行 如厠中坐 雖不汚衣 時時聞臭
여무식인동행 여측중좌 수불오의 시시문취

배움을 좋아하는 사람과 함께 가면 안개 속을 가는 것과 같아서
비록 옷은 젖지 않더라도 점차 물기가 배어 축축하게 된다.
식견이 없는 사람과 함께 가면 측간에 앉아 있는 것과 같아서
비록 옷은 더러워지지 않더라도 점차 냄새를 맡게 된다.

함께 하는 친구가 배움을 좋아하면 나도 모르게 배우는 것에 거부감이 줄어든다. 사람이 뼛속까지 바뀌지는 않더라도 조금씩 변한다. 마치 안개 속을 걸어갈 때 물기가 촉촉하게 배어드는 것과 같다.

무식한 친구와 많은 시간을 보내면 식견이 좁아지기 쉽다. 사물과 현상을 다양한 관점으로 바라보기보다는 단순하게 해석하고, 자기 편한 대로 판단하는 성향이 생길 수 있다. 변소에서 옷이 더러워지지는 않더라도 냄새가 배어드는 것과 같다.

배움을 좋아하는 친구를 가까이 두어야 발전이 있다. 배움을 통한 자기 성장이 우리 삶의 목적이기 때문이다.

마음을 알아주는 사람이 진짜 친구다

相識滿天下 知心能幾人
상 식 만 천 하 지 심 능 기 인

서로 알고 지내는 사람이 세상에 가득하지만,

마음을 알아주는 사람은 몇이나 되겠는가?

사람들은 가면을 쓰고 살아간다. 그 가면 밑에 있는 진짜 얼굴을 보여주고 마음을 터놓고 지낼 수 있는 사람이 진짜 친구다. 결혼식에 오고, 장례식에 오는 사람은 그냥 알고 지내는 사람, 사회적인 인맥이다. 헛된 얼굴로 헛된 웃음을 주고받는 관계다. 사회생활을 위해서는 이런 관계도 어쩔 수 없이 필요하다. 그리고 필요하다면 어느 정도 관리도 해야 한다.

하지만 주위에 내 마음을 알아주는 사람이 전혀 없으면 인간관계를 다시 한 번 점검해보아야 한다. 진정한 행복은 친구가 몇인지, 숫자로 얻을 수 있는 것이 아니라 진짜 친구를 사귐으로써 얻을 수 있다.

급하고 어려울 때 곁에 있는 사람이 친구다

酒食兄弟 千個有 急難之朋 一個無
주식형제 천개유 급난지붕 일개무

술 마시고 밥 먹을 때 형, 동생 하는 이들은 천 명이나 되건만,
급하고 어려울 때 친구는 한 명도 없네.

대부분의 인간관계에는 어떤 목적이 있다. 목표달성을 위해 모이고, 그것을 위해 계약을 맺기도 한다. 하지만 가족이나 친구는 그런 관계가 아니다. 어떤 상황에서나 곁에 있어 주는 존재가 친구다. 상황이 좋은지, 나쁜지 계산하지 않고 경험을 함께 하는 사이이다.

어려운 상황이 닥치면 누가 진짜 친구고, 누가 가짜인지 알 수 있다. 좋을 때만 주변에 맴돌다가 막상 힘든 일이 생기면 외면하는 가짜 친구가 많다. 진짜 친구는 불행을 외면하지 않고, 위로해준다. 어려운 일을 당했을 때 친구가 가려진다.

의리 없는 친구는 사귀지 말라

不結子花 休要種 無義之朋 不可交
불결자화 휴요종 무의지붕 불가교

열매 맺지 않는 꽃은 심지 말고,
의리 없는 친구는 사귀지 말라.

사람이 행동할 때 판단 기준은 크게 두 가지로 나뉜다. 바로 '의(義)'와 '이(利)'다. 유가에서는 '의(義)'를 기준으로 행동하는 사람을 군자라고 칭송하고, '이(利)'를 기준으로 행동하는 사람을 소인이라고 비난하지만, 사실 두 가지 모두 살아가는 데 필요하다. 이해관계를 따지지 않고 살아갈 수는 없기 때문이다.

하지만 친구 사이에서는 이익보다 의리가 우선이다. 작은 이해관계에도 태도를 바꾸는 친구는 곁에 두면 안 된다. 이익이 될 때는 간이며, 쓸개며 다 빼줄 것처럼 하다가도 자기가 손해 볼 것 같으면 거들떠보지도 않을 것이기 때문이다. 의리 없는 친구는 사귀는 것이 아니다.

군자의 사귐은 물과 같다

君子之交 淡如水 小人之交 甘若醴
군자지교 담여수 소인지교 감약례

군자의 사귐은 물과 같이 담박하고,

소인의 사귐은 단술과 같이 달다.

군자의 사귐은 '의(義)'를 따른다. 물질적인 이익이나 아첨하는 말이 끼어들지 않는다. 그러기에 담박하기가 물과 같다. 소인의 사귐은 '이(利)'를 따른다. 눈에 보이는 물질적인 이익이 근본이고, 서로 몰려다니며 듣기 좋은 말을 한다. 그러니 달콤하기가 단술과 같다.

군자의 사귐에는 가식이 없고 화려하지 않지만, 서로의 성장과 발전에 도움이 된다. 소인의 사귐은 겉으로는 화려해 보이지만, 이익이 담보되지 않으면 언제라도 끝날 수 있다. 개인의 성장보다는 이익이 우선이다.

오래 사귀어야 사람의 마음을 알 수 있다

路遙知馬力 日久見人心
노 요 지 마 력 일 구 견 인 심

길이 멀면 말의 힘을 알 수 있고,

시간이 오래 지나야 사람의 마음을 알 수 있다.

짧은 거리는 힘센 말이나 힘이 약한 말이나 무리 없이 갈 수 있다. 먼 길을 가봐야 정말 힘센 말인지 아닌지 알 수 있다. 사람도 마찬가지다. 짧은 시간 겪어봐서는 상대의 마음을 잘 알 수 없다. 짧은 시간 가면을 쓰고 연기하는 것은 누구나 가능하기 때문이다. 오랜 시간 다양한 상황에서 어떤 말과 행동을 하는지 살펴봐야 그 사람이 어떤 사람인지 어느 정도 파악할 수 있다. 지금 눈앞에 보이는 상대의 모습은 일시적이고 꾸며낸 허상일 수 있다.

與善人居 如入芝蘭之室
여선인거 여입지란지실
久而不聞其香 卽與之化矣
구이불문기향 즉여지화의
君子 必愼其所與處者焉
군자 필신기소여처자언

선한 사람과 함께 있으면

난초가 있는 방에 들어간 것과 같아서

시간이 지나면 그 향기를 맡지 못해도

그 향기에 동화된다.

군자는 반드시 함께 지내는 사람에 신중하다.

집안에서 덕행을 실천하려면

부행편 婦行篇

이 편에서는 부녀자의 덕행에 대해 말한다.
오늘날의 관점에서는
남녀의 역할을 지나치게 구분한다는 생각이 들 수 있다.
하지만 집안을 이끌어가는
주인의 역할에 대한 내용으로 읽는다면,
현명하게 가정을 경영하는 데 도움을 얻을 수 있을 것이다.

몸과 마음을 바르게 하는 것이 부덕(婦德)이다

婦德者 不必才名絶異 婦德者 淸貞廉節 守分整齊
부 덕 자 불 필 재 명 절 이 부 덕 자 청 정 염 절 수 분 정 제
行止有恥 動靜有法 此爲婦德也
행 지 유 치 동 정 유 법 차 위 부 덕 야

부덕(婦德)이란 반드시 재주가 뛰어나 이름나는 것을 말하지 않는다.
맑고 지조가 곧으며, 염치와 절도가 있어 분수를 지키고,
마음을 바르게 가다듬으며, 행동거지에 부끄러워함이 있고,
움직임에 법도가 있는 것, 이것이 부덕이 되는 것이다.

'부덕(婦德)'은 '지어미가 갖추어야 할 덕'이다. 여성에게 어떤 굴레를 씌워 부자유스럽게 하려는 의도로 읽지 말고, 이 말의 긍정적인 부분을 취하면 좋을 것이다.

집안에서 부모, 특히 어머니의 역할은 절대적이다. 자식들은 부모로부터 살아가는 데 필요한 모든 것을 배운다. 그중 가장 중요한 것이 마음 쓰는 법과 몸가짐이다. 어머니의 마음이 바르지 않고 몸가짐이 흐트러져 법도가 없다면, 그것을 보고 자라는 아이들도 똑같은 사람이 된다. 어머니뿐만 아니라 아버지에게도 해당하는 말이다.

깨끗하게 자신을 관리하는 것이 부용(婦容)이다

婦容者 不必顔色美麗
부 용 자 불 필 안 색 미 려
婦容者 洗浣塵垢 衣服鮮潔
부 용 자 세 완 진 구 의 복 선 결
沐浴及時 一身無穢 此爲婦容也
목 욕 급 시 일 신 무 예 차 위 부 용 야

부용(婦容)이란 반드시 얼굴 빛이 아름답고 고운 것이 아니다.
먼지와 때를 씻어 의복을 산뜻하고 깨끗하게 하며,
때에 맞춰 목욕하여 몸에 더러움이 없게 하는 것,
이것이 부용이 되는 것이다.

화려하게 예쁜 것도 좋지만, 때 묻지 않은 정결함이 지어미의 아름다움에 더 가깝다. 어머니가 집안을 돌보다 보면 자신을 꾸미기가 어렵다. 육아에 청소, 빨래, 삼시 세끼 식사준비, 설거지 등 하다 보면 화장은커녕 제대로 빗질할 정신이 없을 때도 많다. 하지만 아름다움은 꾸미는 것이 아니라 깨끗하게 자신을 관리하는 것이다. 옷차림을 깨끗하고 단정하게 하고, 몸을 더럽지 않게 관리하는 것이 어머니의 아름다움이다.

적절하게 말하는 것이 부언(婦言)이다

婦言者 不必辯口利詞
부 언 자 불 필 변 구 이 사
婦言者 擇詞而說 不談非禮
부 언 자 택 사 이 설 부 담 비 례
時然後言 人不厭其言 此爲婦言也
시 연 후 언 인 불 염 기 언 차 위 부 언 야

부언(婦言)이란 반드시 입담 좋고 말 잘하는 것이 아니다.
말을 가려서 하되 예의에 맞지 않는 말을 하지 않고,
꼭 해야 할 때 말하여 다른 사람이 그 말을 싫어하지 않는 것,
이것이 부언이 되는 것이다.

말은 가려서 하고, 예의에 어긋나지 않게 해야 한다. 어머니가 아버지를 무시하거나 다른 사람을 헐뜯는 말을 하면 아이들은 그렇게 해도 되는 것으로 알고, 똑같이 아버지를 무시하고 남을 비난할 수 있다. 꼭 해야 할 말을 적절하게 하는 것이 현명한 어머니가 말하는 방식이다. 부정적인 말보다는 사랑과 감사로 가득한 말을 가족들에게 건네고, 다른 사람들과도 좋은 말을 주고받으면서 건강한 관계를 유지하는 것이 자신과 가족을 위한 선물이다.

정성을 다하는 것은 부공(婦工)이다

婦工者 不必技巧過人也
부 공 자 불 필 기 교 과 인 야

婦工者 專勤紡績 勿好葷酒
부 공 자 전 근 방 적 물 호 훈 주

供具甘旨 以奉賓客 此爲婦工也
공 구 감 지 이 봉 빈 객 차 위 부 공 야

부공(婦工)이란 반드시 솜씨가 다른 사람보다 뛰어난 것이 아니다.
오로지 길쌈을 부지런히 하고 술 냄새 풍기는 것을 좋아하지 않으며,
맛있는 음식을 갖추어 손님을 대접하는 것,
이것이 부공이 되는 것이다.

요리를 잘하고, 빵도 잘 굽고, 아이들의 놀잇감도 척척 만들어내는 '금손'만이 솜씨 있는 어머니가 되는 것이 아니다. 중요한 것은 정성이다. 가족들에게 술 냄새를 풍길 만큼 술을 마시면, 어떤 일을 해도 집중할 수 없다. 부모가 자기 관리를 하지 않으면 부모 역할에 소홀해질 수밖에 없다. 부모가 된다는 것은 어른이 된다는 것이다. 자기 관리에 힘쓰고 정성껏 자기 역할을 해내는 것도 어른이 되는 과정이다. 어른이 된다는 것은 모든 일에 정성을 들이는 시간이 소중함을 알아가는 것이다. 솜씨보다는 정성을 다하는 것이 중요하다.

부부는 서로에게 영향을 준다

賢婦令夫貴 佞婦令夫賤
현 부 영 부 귀 영 부 영 부 천

어진 아내는 남편을 귀하게 하고,
간사한 아내는 남편을 천하게 한다.

어진 아내는 남편을 귀하게 대한다. 귀한 대접을 받은 남편은 자존감이 높아진다. 자존감이 높은 사람은 무슨 일을 해도 성공할 수 있는 힘이 있다.

자기 이익을 우선하고, 마음이 바르지 않은 부인은 남편을 자신의 허영이나 만족을 위한 수단으로 대한다. 그런 대접을 받은 남편은 마음이 불편하고, 매사에 자신감이 없어지기 마련이다. 무슨 일을 해도 성공하기 어렵다.

이 글에서 아내와 남편의 위치를 바꾸어 읽어도 큰 무리가 없다. 부부는 서로에게 영향을 주는 관계이고, 깊은 인연으로 만나 서로의 성장을 돕기 때문이다.

뜻밖의 재앙을 피하려면 아내의 말을 들어라

家有賢妻 夫不遭橫禍
가 유 현 처 부 부 조 횡 화

집에 어진 아내가 있으면

남편이 뜻밖의 재앙을 만나지 않는다.

어진 아내의 말을 잘 들어야 한다. 아내는 과감성은 조금 부족할 수 있지만, 항상 조심하고 주변 상황을 잘 살핀다. 위험에 대한 신호에도 예민하게 반응하기 때문에 작은 위험도 놓치지 않는다. 과감한 추진력이 있더라도 덤벙대고 깊이 생각하기 싫어하는 남편이라면 반드시 아내의 말을 잘 들어야 한다. 아내와 상의하지 않고 제멋대로 일을 저지르다가 큰코다치는 수가 있다. 항상 크고 작은 일을 아내와 의논해서 결정하는 것이 현명한 처사다.

살면서 꼭 한 번은 명심보감

초판 발행 2021년 11월 12일

지은이 임성훈
펴낸곳 다른상상
등록번호 제399-2018-000014호
전화 02)3661-5964
팩스 02)6008-5964
전자우편 darunsangsang@naver.com

ISBN 979-11-90312-45-5 03190